TECHNIQUES, TRUCS ET ASTUCES

JARDINER SANS DÉPENSER

massin

SOMMAIRE

Jardiner à prix doux

Un jardin économe en eau

Le catalogue des plantes

Partie I

Jardiner à prix doux

Soignez votre jardin pour rien

La préservation de l'environnement et pas de dépenses, n'est-ce pas le rêve de tout jardinier ? Oubliez les plantes poussant à coups d'engrais chimiques, renoncez définitivement aux herbicides et pesticides qui coûtent si cher et détruisent notre planète. Optez pour des produits naturels. Et si vous les fabriquez vous-même, c'est tout bénéfice pour le porte-monnaie.

Le compost maison

Le compost améliore la terre, sert de fertilisant, en nourrissant les micro-organismes, et l'enrichit en éléments assimilables par les plantes. C'est aussi un amendement, car il remanie le sol, le restructure en donnant du corps aux terres légères qui, ainsi, peuvent retenir l'eau, et en aérant les sols lourds.

À chaque plantation, il est judicieux d'en ajouter quelques poignées, pour aider les végétaux à bien démarrer. De plus, il permet de recycler certains éléments ménagers, allégeant de manière importante nos déchets partant à la poubelle.

Procurez-vous un composteur dans le commerce ou auprès de votre commune. Ces dernières proposent généralement des contenants à petits prix. Ou, si vous êtes un peu bricoleur, fabriquez-le avec des palettes de récupération.

Placez-le à l'ombre. Alternez déchets verts et déchets bruns (ce sont des matières carbonées : feuilles mortes, écorces broyées et carton).

Déposez les déchets en petits morceaux, diversifiez les couches et ajoutez des plantes actives,

Les feuilles mortes ? Un trésor automnal...

ATTENTION, LE COMPOSTEUR N'EST PAS UNE POUBELLE

Ayez toujours en tête que l'on ne met que des déchets qui viennent directement de la terre. Jamais d'excréments d'animaux, de viande, de pain, de produits laitiers, de poissons, de cendres de charbon, d'herbes montées à graines, de branches et feuilles coriaces non broyées... Évitez les écorces d'agrumes, longues à se désagréger, et très acides.

qui accélèrent le processus de transformation. Orties, consoudes, achillées, tanaisies... Attention aux excès : le compost nécessite d'être bien équilibré pour mûrir. Ne déposez jamais plus de 5 à 10 cm d'épaisseur du même déchet.

Dans la cuisine, de nombreux déchets rejoignent le compost quotidiennement : marc de café, thé, filtres papier, épluchures de légumes et de fruits, coquilles d'œufs...

Au jardin, les déchets sont innombrables : résidus de plants de légumes après cueillette – haricots, tomates, pommes de terre, etc. – paille, feuilles mortes, tontes de gazon, bouquets et fleurs fanés, tailles de ligneux broyés, terre des jardinières, herbes sans graines...

Par temps chaud et sans pluie, arrosez. En hiver, couvrez le compost avec une bâche, car le froid retarde aussi le processus. Brassez régulièrement. Retournez avec une fourche pour mêler les nouveaux déchets aux matières qui ont commencé leur décomposition.

Le compost est mûr au bout de 6 à 12 mois, suivant la période où vous l'avez mis en route, la chaleur favorisant l'accélération, le froid la diminuant.

Engrais et traitements maison

À utiliser tels quels, sans préparation...

- Les feuilles mortes. Gratuites et faciles à récolter, elles constituent un excellent humus si elles restent sur place, au pied des arbustes.

Ne les laissez pas sur la pelouse : récupérez-les pour protéger les vivaces peu rustiques, car elles forment un bon paillage et enrichissent le sol. Ajoutées au compost, elles se décomposent en terreau de qualité.

- Les cendres. Les cendres de bois, riches en potasse, phosphore, calcium et oligoéléments, améliorent particulièrement les sols sableux. Elles peuvent être ajoutées, en petites quantités, au compost.

Épandez-les au pied des arbustes, des arbres fruitiers, dans les massifs, mais surtout pas autour des plantes dites de terre de bruyère, car ces cendres contiennent beaucoup de calcium. Attention, il ne faut pas en abuser : comme elles sont solubles et salines, un excès inhibe la croissance des plantes et peut provoquer la mort des micro-organismes.

ANTI-LIMACES MAISON

Certaines plantes – hostas, delphiniums – et les jeunes plants de salade sont à protéger de la gourmandise des limaces. Constituez des barrages qu'elles ne pourront pas traverser : elles glissent dans la cendre, dans la sciure... Elles se noient dans des bols de bière, attirées par l'odeur. Elles s'agglutinent dans des demi-pamplemousses vidés, et posés face contre terre...

- Les algues. Riches en oligoéléments, en calcium et en magnésium, les algues favorisent la formation des racines et fortifient les plantes. Elles restructurent rapidement les sols, grâce au calcium, associé à l'humus, et accélèrent le processus argilo-humique. Elles agissent particulièrement bien sur les terres argileuses, collantes au printemps, et bétonnées en été. Le magnésium et les oligoéléments accentuent la photosynthèse, ce qui joue un grand rôle dans la qualité des légumes et la coloration des fleurs. Si vous les récoltez vous-même, laissez-les ressuyer au sol pendant plusieurs jours, afin que le sel s'élimine grâce au vent et à la pluie.

- Le marc de café est un bon engrais à épandre au pied des rosiers et des plantes d'appartement, et à ajouter au compost.

Les préparations maison : purins, décoctions…

Beaucoup de plantes contribuent à l'équilibre et à l'harmonie du jardin.

Ces plantes ne sont pas des remèdes miracles. Étant avant tout stimulantes et fortifiantes, elles permettent aux végétaux de mieux résister aux maladies et aux ravageurs.

Utilisées en « potions magiques », elles participent au bon entretien du jardin naturel.

- Le plus connu, le purin d'ortie, riche en azote, en oligoéléments, en fer et en magnésium, est un bon engrais, en apport de fond. Il stimule la flore microbienne du sol et la végétation, tout en renforçant les défenses immunitaires des plantes.
- L'ortie a également une action insecticide et fongicide.
- La consoude, riche en oligoéléments, en bore et en potassium a la faculté de stimuler, favorisant la floraison et la fructification. Elle possède une action cicatrisante et antiseptique : pulvérisez après les tailles, l'élagage mais aussi les greffes.
- La prêle reminéralise les tissus végétaux, grâce à sa richesse en silice, et renforce la résistance des plantes vis-à-vis des maladies cryptogamiques : rouille, taches noires des rosiers, cloque du pêcher, mildiou, tavelure et certaines viroses.
- La fougère aigle est reminéralisante et insectifuge. Versez en décoction sur le sol et en pulvérisation, contre les taupins et les pucerons, et au pied des plantes, pour son apport en oligoéléments et en sels minéraux.
- La tanaisie peut rendre de grands services au jardinier. Elle prévient la rouille de la tomate et des roses trémières, mais également le mildiou des pommes de terre et de la vigne. Elle s'utilise aussi pour lutter contre les pucerons, les chenilles, les altises et les aleurodes.

UN BON HERBICIDE

Ne jetez pas l'eau ayant servi pour la cuisson de vos pommes de terre, car elle est excellente pour tuer les mauvaises herbes, dans une allée de gravillons, par exemple.

Quand et comment agir

Pour toutes ces préparations, la proportion de plantes est la même : 800 g à 1 kg de plantes coupées grossièrement pour 10 litres d'eau. Ensuite, il ne reste qu'à les filtrer et à les utiliser. Les extraits fermentés et les décoctions doivent être dilués, à 10 ou 20% pour une application au sol, et à 5% en pulvérisation.

Appliquez ces traitements début mars, pour réveiller la microflore du sol, en mai, puis au milieu de l'été. Appliquez-les assez tôt, en prévention, et à toutes les époques de la vie des plantes : au semis, au repiquage, à la plantation… Restez toujours mesuré, des applications trop rapprochées pouvant avoir un effet néfaste… Agissez tous les quinze jours sur les annuelles et légumes, et quatre fois par an sur les vivaces, arbres et arbustes. Laissez-vous guider par votre instinct et vos observations.

En arrosage, versez les préparations végétales sur un sol humide, après une pluie ou un arrosage. En pulvérisation, évitez les périodes de grosses chaleurs, la pluie et le gel.

Utilisez l'extrait fermenté toujours dilué pour ne pas brûler les plantes, en arrosant au pied pour stimuler la croissance, et sur le feuillage pour traiter contre les maladies et les insectes.

Récup' pratique, récup' déco !

Ouvrez l'œil : autour de vous, mille objets ou éléments naturels à récupérer pour leur côté pratique ou pour leur look sont à votre disposition. Furetez dans votre jardin, fouillez vos armoires et la cave, chinez dans les vide-greniers, faites ami-ami avec vos commerçants disposant de contenants pouvant vous servir. Détourner des objets est un véritable passe-temps...

Pour semer et bouturer

Pour effectuer des semis, les caisses en polystyrène sont idéales. Légères, elles retiennent la chaleur. Poissonniers et autres commerçants en jettent régulièrement.

Les boîtes à œufs et les pots de yaourt sont parfaits pour semis, boutures et rempotage.

Lorsqu'on sème, bouture ou rempote, l'étiquetage est indispensable.

Voici une ravissante idée qui circule beaucoup sur les stands des fêtes des plantes : des cuillères, en métal ou en plastique, fichées dans la terre, portent le nom de chaque végétal. Il suffit d'écrire ce nom avec un feutre indélébile, et le tour est joué !

Une maille à l'endroit, une maille à l'envers...

L'osier, vivant ou non, pour des clôtures

Pratique médiévale oubliée depuis fort longtemps, le tressage de longs rameaux d'osier – c'est du saule – revient en force depuis quelques années.

On utilise l'osier vivant – le rejet de l'année – tressé, à la manière des vanniers pour créer des clôtures naturelles qui changent d'allure au fil des saisons.

De novembre à mars, enfoncez dans le sol des brins de saule, bouturés depuis un an, à 25 cm de profondeur, par groupe de quatre à six, tous les 30 cm. Entrecroisez-les devant derrière, selon la technique de la vannerie.

Pour avoir de beaux losanges réguliers, il suffit de tendre des fils tous les 30 cm de hauteur, afin d'y lier les brins. Dès le printemps, chaque pousse va donner des ramifications. Au fil des ans, les brins deviennent de petits troncs.

Les deux premières années de plantation, arrosez abondamment en été. L'osier s'adapte à tous types de terrains et aux variations de température.

LES PALETTES EN BOIS
Pour fabriquer un composteur, pensez aux palettes en bois. Votre jardinerie préférée peut en mettre à votre disposition, contre un beau sourire. Si vous êtes un peu bricoleur, vous pouvez, avec ces mêmes palettes, fabriquer quelques petits meubles de jardin.

Taillez sévèrement chaque année, pour éviter qu'il se dégarnisse de la base.
Cette méthode fonctionne parfaitement bien pour les terrasses et balcons, car vous pouvez planter l'osier en grandes jardinières.

Bordure tressée en châtaignier

Comme pour les clôtures, le potager médiéval a le vent en poupe. Surélevé, partagé en petites parcelles, il est entouré de branches entrelacées. Apprenez à tresser ces plessis : il vous faut des piquets en châtaignier, ou en fer à béton, très bon marché, du fil de fer et des rameaux de châtaignier ou de noisetier, à récupérer au jardin ou dans la campagne. Tracez l'emplacement de la bordure avec du plâtre, puis tirez un cordeau pour obtenir l'alignement parfait. Plantez chaque piquet verticalement dans le sol à une distance de 60 cm. La partie qui sort de terre doit correspondre à la hauteur que vous souhaitez pour votre bordure, en général de 30 à 50 cm. Ne dépassez pas 60 cm de haut, pour des raisons de stabilité. Posez, à la base, le premier rameau et tressez-le de part et d'autre des piquets. Placez ensuite le second en alternant, au niveau de chaque piquet, sa position par rapport au précédent. Faites de même pour les suivants. Après avoir installé 5 ou 6 rangs, stabilisez l'empilement en tapant sur le dernier d'entre eux à l'aide d'une petite masse. Lorsque l'ouvrage a la hauteur souhaitée, fixez le dernier rameau aux piquets verticaux à l'aide d'un fil de fer.
Cette bordure est à refaire tous les trois ou quatre ans si les piquets sont en châtaignier. Si vous optez pour des fers à béton, elle peut, en l'état, tenir une dizaine d'années.

Des tuteurs, encore des tuteurs...

C'est en hiver qu'il faut faire provision de tuteurs, rames, échalas, afin de les avoir sous la main dès que le printemps arrive. Recépez vos noisetiers, pour les rajeunir, et récupérez les branches. Récupérez les tiges de bambous et de miscanthus géants. Les plus droites seront parfaites pour tuteurer les tomates. Les plus tarabiscotées feront un superbe décor lorsque s'y agripperont petits pois et haricots grimpants. Plutôt que d'attacher les hautes plantes vivaces sur un piquet droit, inesthétique, laissez-les reposer, alanguies, sur des branches tortueuses.

Pots, contenants, vases...

Pots à trouver, à chiner, à peindre

Trouver les pots dont on a envie, dans une couleur particulière, s'apparente à la chasse au trésor. Aussi, n'hésitez pas à les peindre ! Les pots simples, en terre cuite, se métamorphosent à votre gré. La solution la plus facile est de les teinter en uni. Nettoyez-les avec du savon et une brosse. Rincez, puis laissez sécher pendant 48 h. À l'aide d'un pinceau, badigeonnez le pot avec la peinture à l'eau, sans oublier de peindre l'intérieur sur 5 cm.

HABILLÉE DE MOUSSE OU DE LICHENS

Au retour d'une balade en forêt, vous revenez avec un trésor ? Un petit panier empli de mousses ? Cette mousse est parfaite pour conserver la fraîcheur et cacher la terre des jardinières d'ombre. Vous pouvez aussi en agrafer sur le pourtour d'une vieille vannerie, pour lui donner une nouvelle vie. Tapissez-la d'un film plastique en intérieur, ajoutez le terreau et plantez une fougère : voici une belle scène à l'ambiance de sous-bois. Vous n'aurez aucun scrupule à l'abandonner aux intempéries, et elle n'en sera que plus naturelle, se fondant dans le décor.

Osez les contenants rigolos ou insolites. Une boîte de conserve peinte, ça vous tente ? Prenez une boîte vide. Détachez soigneusement le couvercle, lavez la boîte, faites quelques trous au fond, et voilà !

Vaisselle

Vous pouvez en récupérer dans vos armoires, dans les vide-greniers, dans un Emmaüs... Dépareillée, même ébréchée, elle peut servir de vase ou de contenant pour de petites plantes : sucrier, théière, cafetière, broc, bouilloire, compotier, soupière...

Semer, ça ne coûte presque rien

Le semis est un des moyens les plus économiques pour avoir d'un seul coup une grande quantité de plantes. Un sachet de graines n'est guère onéreux; quant à la collecte de semences lorsque les plantes sont montées à graines, elle est cadeau ! Presque tout se sème. Certaines plantes se sèment avec tant de facilité que c'est à la portée des enfants.

LA VIE AVANT TOUT

Les graines sont des organismes vivants et leur pouvoir de germination diffère suivant les espèces. Certaines doivent être semées aussitôt, comme les hellébores, d'autres peuvent attendre plusieurs dizaines d'années.

Les graines d'ipomées gardent leur pouvoir de germination pendant deux ans. Les graines de salades en tout genre sont valables de quatre à cinq ans. Les cucurbitacées de six à huit ans.

Quelques plantes annuelles, au jardin d'ornement

Pois de senteur, capucines, cobées, volubilis, haricots d'Espagne...

Les graines de ces plantes sont très dures : trempez-les dans un bol d'eau toute une nuit, avant la plantation, pour accélérer la germination.

Au printemps, pratiquez ce semis directement en place. En pleine terre, semez en poquet de 3 graines, profond de 2,5 cm, dans un sol bien préparé. Espacez-les de 20 à 30 cm.

Si vous choisissez le semis en godet, utilisez des godets de tourbe, car ces plantes n'aiment pas le repiquage. Placez 3 graines par pot. Arrosez dès que la terre sèche. Mettez-les en place lorsque les racines commencent à envahir le godet.

Cosmos...

Le semis des graines est d'une facilité déconcertante, que cela soit en pleine terre, ou en caissettes, pour être repiquées.

En avril, semez en pépinière ou en caissette, repiquez en godet lorsque les plants ont 5 ou 6 feuilles. Pincez les plants lorsqu'ils mesurent 10 cm de haut, afin qu'ils deviennent trapus. Attendez que le chevelu soit abondant avant de les mettre en place. Arrosez pendant les trois semaines qui suivent la plantation, tous les trois jours s'il ne pleut pas.

Vous pouvez aussi semer directement en place, en mai, dans un sol bien préparé.

Éclaircissez à 25 ou 30 cm. Semez de la même façon nigelle, bourrache, souci, eschscholzia, lavatère, reine-marguerite, belle-de-jour, tournesol, malope, cléome, bleuet, coquelicot...

Semez des vivaces

Rares sont les vivaces qui s'épanouissent l'année du semis. En principe, on les sème au printemps, on les repique en juin ou septembre et c'est surtout l'année suivante qu'elles s'installent vraiment et fleurissent. Mais il y a quelques exceptions, dont la gaura. Elle lève aussi facilement qu'une annuelle, atteignant sa taille adulte dans l'année.
En mars, semez-la en terrine, dans un substrat composé à parts égales de terreau et de sable. Recouvrez de 2 mm de terreau. Placez cette terrine à l'extérieur, dans un endroit bien abrité, sous châssis si possible. Arrosez à l'aide d'une pomme fine.
À la levée, éclaircissez à 2 cm, puis, lorsque les plants ont 4 feuilles, éclaircissez à 4 cm. Lorsque les plantules mesurent 6 ou 7 cm de haut, repiquez-les individuellement dans des godets. Lorsque les racines commencent à envahir le godet, mettez-les en place.

Et les bisannuelles ?

Myosotis, giroflée, œillet des poètes, digitale, rose trémière, pensée, pâquerette, monnaie-du-pape

Ce sont des plantes bisannuelles, c'est-à-dire qu'on les sème une année, et elles fleurissent l'année suivante avant de mourir. Mais elles assurent leur descendance en se ressemant volontiers.
À vous de ne pas désherber à outrance, pour en avoir à vie ! Semez en pépinière ou en terrine, en mai-juin, en lignes ou à la volée.
Recouvrez les graines d'une fine couche de terreau, tassez légèrement. Arrosez en brouillard. Éclaircissez à la levée, à 10 cm, en arrachant les plantules en surnombre. Lorsque ces plantules ont 7 ou 8 feuilles, repiquez-les en godets. Tassez, arrosez.
En plein été, s'il fait chaud, ombrez légèrement et arrosez. La mise en place se fait en septembre-octobre ou en mars.

Au potager

Radis, petites salades, mesclun, épinards...

Commencez les semis en février et mars sous châssis ou tunnel. Attendez la fin mars pour semer en extérieur.
En sol frais, bien ameubli, enrichi de compost, semez clair en rangs espacés de 20 cm. Couvrez de 2 mm de terreau. Tassez la terre avec une planchette. Arrosez à la pomme. Éclaircissez.

Mâche

Elle aime une terre ferme. Semez de juillet à septembre en sol frais, sain, riche en humus, léger, en rayons distants de 20 à 25 cm, puis ajoutez un peu de terre émiettée ou de terreau pour refermer les sillons. Plombez fortement. Arrosez.

Indispensable : un châssis que l'on peut couvrir à tout moment.

Conservez le sol frais, et ombrez si l'automne est très ensoleillé : la mâche redoute les fortes chaleurs. Éclaircissez, lorsque les plants ont 4 ou 5 feuilles, à 10 cm. Cette salade se récolte jusqu'à la fin de l'hiver. Oubliez 2 ou 3 pieds : elle se ressème volontiers toute seule.

Courgettes, courges, concombres, poivrons, aubergines, melons...

Ces légumes ont besoin de chaleur pour germer et lever. Semez sous abri, début avril, dans une pièce lumineuse, entre 16° et 22°.

Emplissez des godets de tourbe d'un substrat composé à parts égales de terreau et de sable. Tassez. Avec le doigt, faites un trou au milieu, enfoncez 3 graines. À la levée, ne conservez que le plant le plus vigoureux. Arrosez régulièrement, sans détremper.

Attendez que le sol soit bien réchauffé, mi-mai, voire fin mai, pour mettre en place les godets à 80 cm de distance, dans un sol enrichi de compost. Arrosez, paillez.

Mi-mai, jusqu'à mi-juillet, vous pouvez semer en pleine terre. Semez en poquet, dans une terre enrichie en compost.

Tomates

En mars, semez les tomates en terrine, dans un mélange composé de terreau et de sable à parts égales. Conservez les terrines à la lumière, à une température comprise entre 16° et 22°. Lorsque les plants mesurent 5 à 7 feuilles, repiquez en godets. Lorsque tout risque de gelée est passé, mettez les plants en place, en les espaçant de 50 cm, en lignes distantes de 80 cm. Arrosez et paillez.

En parallèle, semez de la même façon du basilic, des physalis, des œillets d'Inde, des bégonias à massifs...

« Faire ses graines »

C'est un moyen économique de jardiner. C'est aussi une façon de profiter des cadeaux de la nature. Dès la fin du printemps, sachets de papier en main, partez à l'aventure, dans votre jardin ou dans la campagne.

On se rend compte que les graines sont à maturité lorsque le petit capuchon qui les entoure devient beige. Effectuez la récolte par temps sec, non venteux, et lorsqu'il n'y a plus de rosée. Prélevez les graines sur des pieds sains. Certaines sont seules, d'autres dans des capsules ou dans des gousses. Pour les semences très fines (pavots de Californie, coquelicots...), mettez l'enveloppe de récupération ou un récipient, juste sous la capsule.

À DÉCORTIQUER

Lorsque les graines sont dans des gousses ou serrées dans des réceptacles, épluchez-les ou « battez-les » : achillées, centaurées, lupins... Notez tout de suite le nom de la plante, le lieu et la date de récolte. Pour de grosses récoltes, utilisez un bocal.

Semis spontanés, cadeaux à foison

Ne nettoyez jamais trop tôt les massifs. Ouvrez les yeux, il y a plein de jeunes semis « surprise », dans les massifs, cadeaux du jardin naturel, pour une autre approche du jardin. Ils sont souvent plus résistants que ceux que vous semez !

Bien utile, la « pépinière maison » !

Les plantes se ressèment souvent près du pied mère, mais d'autres viennent de loin, des jardins voisins, apportées par le vent, les oiseaux et même les semelles des chaussures. Apprenez à les identifier, c'est un jeu passionnant. Quand les jeunes plantules sont bien développées, il y a trois solutions et c'est le moment d'exercer votre talent, en domestiquant en douceur ces vagabondes qui s'installent là où elles ont envie. Vous les laissez sur place, car la plupart du temps, elles se casent joliment d'elles-mêmes, offrant un aspect très naturel au jardin. Ou bien vous les plantez en massif, ces offrandes de la nature étant très utiles pour boucher les trous. Ou encore, vous en faites quelques godets, pour offrir aux copains.

À foison

Quelles sont les plantes qui se ressèment le plus ? Annuelles, vivaces, et même arbres et arbustes... Fidèles ou presque – érigéron karvinskianus, verveine de Buenos Aires, brunnera, myosotis, alchémille, souci, fenouil, limnanthe, camomille, buddleia, bourrache, coquelicot, linaire, nigelle, cerfeuil, mâche, mélisse –, ou s'hybridant, pour des surprises encore plus grandes – ancolies, hellébores, euphorbes...

Un petit coin pépinière

Une pépinière chez vous ? Oui, elle est indispensable, même si elle ne fait qu'un mètre carré, dès que vous multipliez ou récupérez les semis spontanés.

La pépinière-maison est une réserve que l'on dévalise au gré des besoins, toujours à bon escient, et où l'on prélève les plantes à offrir.

Choisissez un endroit abrité des vents, entre ombre et soleil. Désherbez, ôtez parfaitement toutes les racines de chiendent ou de liseron. Aplanissez le sol. Si vous avez suffisamment de place, entourez votre pépinière d'une petite haie : buis, charmille, ou encore des palmettes fruitières.

Placez sur la moitié une bâche, ou quelques caillebotis, où vous poserez godets ou conteneurs. Cernez cette partie de briques pour maintenir les pots debout lors des intempéries. Dans l'autre moitié, vous mettrez en pleine terre les plantes en mottes ou à racines nues en attente.

Sur une table, ayez toujours sous la main des pots, des terrines, du terreau, du compost, des tessons de pots, des billes d'argile, des graviers, du sable. Le sable se mélange au terreau, pour bien le drainer, ce qui est indispensable pour les semis et les boutures. Sable de rivière, type sable de Loire, et pas un sable collant qui s'amalgame dans la main lorsqu'on le presse.

N'oubliez jamais ce coin à l'écart, que cela soit pour le désherbage, l'arrosage ou la protection hivernale.

Lorsque vous composez un nouveau massif, réalisez une jardinière, remplacez une plante défaillante ou bouchez un trou, jetez en priorité un œil à votre réserve et choisissez les végétaux adéquats. Pour offrir, rempotez la plante choisie dans un joli contenant.

ELLES N'AIMENT GUÈRE LA TRANSPLANTATION

Certaines plantes se semant à outrance supportent mal d'être transplantées. Même si on accepte qu'elles s'étendent sur place, ne pas pouvoir en installer ailleurs est bien frustrant. Voici une solution facile à mettre en action : laissez des pots emplis de terreau près de celles qui se repiquent mal, comme les impatiens. Les graines s'y développeront !

La division des petites plantes

La division est la méthode la plus traditionnellement employée pour multiplier les vivaces. Phlox, géraniums vivaces, hostas, asters, bleuets vivaces, achillées, campanules, marguerites, hémérocalles, anémones du Japon, bergénias, et bien d'autres...

Non seulement cette technique assure des plantes solides et identiques, mais elle permet de rajeunir les pieds des végétaux en place, que l'on appelle alors « pieds mères ».

Un peu de technique

Lorsque les touffes ont trois ou quatre ans, divisez en mai ou en septembre les plantes fleurissant en tout début de printemps. Celles qui fleurissent en mai se multiplient en septembre, tandis que les vivaces d'été et d'automne se divisent en mars ou en avril.

Si la terre est sèche, arrosez abondamment la veille de l'opération. Coupez le feuillage à 10 cm du sol. Avec une fourche bêche, détourez la touffe, à 25 cm du cœur de la plante. Suivant la grosseur de la touffe et l'état des racines, détachez ces dernières à la main, et si elles sont enchevêtrées, coupez-les avec la bêche, en tranchant net. Chaque partie tranchée doit avoir soit des racines, soit des yeux bien visibles. Replantez ces éclats en sol bien préparé, en ajoutant du compost à la terre d'origine, ou placez ces nouveaux bébés en godets individuels, dans un terreau additionné de compost. Vous les planterez lorsque vous aurez de la place disponible, et offrez le surplus à vos amis. N'oubliez pas d'arroser, abondamment lors de l'installation en pleine terre, et régulièrement ce que vous avez rempoté. Si vous habitez une région très froide ou humide, ou si les plantes multipliées sont assez fragiles, renoncez à la division automnale, ou placez les bébés sous châssis en attente de plantation printanière.

QUAND DIVISER ?

En principe, tous les trois ou quatre ans. Mais des plantes, comme les hostas et les pivoines, n'aiment pas être dérangées, les racines charnues étant fragiles. Dédoublez-les tous les six ou sept ans.

En revanche, certains géraniums vivaces ont besoin d'être divisés tous les deux ans, car ils se développent vite. Installez un petit coin « pépinière », abrité du soleil violent et des vents, pour stocker les godets en attente de plantation.

La division des iris

Plantes incontournables des vieux jardins, les iris barbus, vivaces rhizomateuses, ont toujours autant de succès, grâce à leur facilité de culture et à la grande diversité de coloris. L'été est la période idéale pour les sortir de terre, tous les trois ou quatre ans. Non divisés, ils deviennent moins florifères.

Arrosez les touffes la veille, abondamment. À la fourche bêche, arrachez soigneusement les plantes, en évitant de blesser les rhizomes. Retirez soigneusement la terre, brossez les rhizomes, pour bien repérer les racines. Tranchez-les en plusieurs sections à l'aide d'un couteau bien affûté. Conservez au moins une touffe de feuilles par section, avec de belles racines. Triez et jetez les morceaux abîmés, nécrosés ou pourris. Coupez les feuilles à 10 ou 15 cm et raccourcissez légèrement les racines.

Replantez les éclats aussitôt, en sol ordinaire, pauvre, bien drainé, et, surtout en plein soleil ! Si votre sol garde l'eau, drainez-le avec du sable mêlé à la terre d'origine.

Creusez un trou de 25 cm de large, enterrez à peine les rhizomes qui doivent affleurer le sol, et étalez les racines. Dirigez les bourgeons vers l'extérieur, afin que les touffes ne s'étouffent pas au fil des années. Rebouchez soigneusement. Tassez la terre autour des racines et arrosez copieusement. À la plantation, c'est indispensable. Intervenez en plusieurs fois, afin que la terre colle bien aux racines.

Arrosez chaque semaine, jusqu'à fin septembre, pour assurer une bonne reprise. Ensuite, ces plantes, bien installées, sont de vrais « chameaux » ! Grâce à leurs puissants rhizomes, les iris retiennent la terre, ce qui les prédispose à la plantation sur talus.

Bouturage

Quel jardinier n'a pas « volé » une tige d'une plante admirée dans un square ou chez un ami ? Le bouturage permet d'obtenir des sujets identiques, à partir d'un même pied mère. C'est une façon simple, rapide et économique, de multiplication. Utilisez toujours, pour la coupe, un sécateur désinfecté, pour éviter la transmission de maladies.

Tous les végétaux ne possèdent pas la même facilité à raciner

Commençons avec la lavatère arbustive, c'est un jeu d'enfant !

De mars à août, prélevez des boutures sur des plantes parfaitement saines. Pour la lavatère, la bouture peut être, suivant la saison, un morceau de tige herbacée (au printemps) ou semi-aoûtée (en fin d'été).

Coupez des extrémités de tiges de 10 à 15 cm. Ôtez boutons et fleurs, s'il y en a, ainsi que les feuilles du bas, en les pinçant. Conservez simplement 2 ou 3 feuilles au niveau supérieur, afin que la plante respire, et coupez chacune proprement en deux, afin qu'elle ne transpire pas trop.

Emplissez un pot, drainé avec des tessons, d'un substrat composé à parts égales de terreau et de sable.

Piquez les boutures, à 7 cm les unes des autres, en enterrant au moins deux nœuds, là où vous avez enlevé les feuilles. Tassez. Arrosez à l'aide d'un petit arrosoir à long bec, sans mouiller le feuillage. Placez ces boutures à mi-ombre, dans un endroit abrité, en évitant les courants d'air, et la proximité d'une gouttière.

HORMONES OU PAS HORMONES DE BOUTURAGE ?

Certaines plantes ont du mal à former des racines. Oubliez les hormones synthétiques du commerce et concoctez une hormone de bouturage maison : l'eau de saule. N'importe quelle espèce fait l'affaire. Mettez quelques branches de saule dans une bassine, laissez-les tremper dans de l'eau de pluie pendant un mois. Le liquide est alors gluant. Trempez les plantes à bouturer dans ce gel. Il contient de l'acide salicylique (l'aspirine en est un dérivé), qui permet à la plante de cicatriser et de former de nouvelles racines.

Surveillez l'arrosage : pas d'excès d'eau, mais pas de sécheresse non plus. Deux mois après, repiquez les boutures séparément, en pots individuels, dans un substrat identique à celui des boutures. Attendez deux mois avant de les placer en terre. En région froide, la plantation printanière est recommandée. Hivernez les pots en serre froide, ou simplement à l'extérieur, dans un endroit bien abrité, en les protégeant.

Bouturer un rosier

Certains rosiers se bouturent très bien, donnant des plantes vigoureuses. Les Bengales, les Thés, les Noisettes, les Musqués et beaucoup de grimpants font partie de cette catégorie. S'ils démarrent moins vite que des rosiers greffés, ils les rattrapent au bout de trois ou quatre ans. Prélevez des morceaux de tiges défleuries, en août ou en septembre. La bouture doit avoir environ 15 cm. Supprimez les feuilles du bas, ne laissez que 3 ou 4 feuilles en haut. Installez ces branches dans un pot rempli de terre de jardin, de tourbe et de sable, en les écartant de 7 cm. Arrosez. Placez ce pot à mi-ombre. Arrosez régulièrement, dès que la terre sèche, mais sans excès. En novembre, placez ce pot sous châssis, ou, dans un endroit abrité du jardin. En fin de printemps, repiquez les boutures individuellement, placez-les au soleil doux, et surveillez l'arrosage durant l'été. Arrosez dès que la terre sèche en surface. À l'automne suivant, les plantes peuvent être mises en pleine terre.

La sauge officinale et ses amis

Lavande, thym, hysope, sarriette, romarin, santoline, teucrium, sauge microphylla...

En plein été, prélevez des tiges de 8 à 10 cm. Supprimez les fleurs et les feuilles sur les trois quarts inférieurs.

À L'ÉTOUFFÉE ?

Il est bien souvent conseillé de conserver les boutures à l'étouffée. Mais, confinées, elles sont sensibles à l'oïdium ainsi qu'à toutes sortes de pourritures. Les plantes issues des boutures ayant poussé en plein air sont beaucoup plus résistantes. Il suffit de choisir la bonne période pour opérer, et de les protéger en hiver.

Dans une terrine remplie d'un mélange à parts égales de terreau et de sable, faites des trous avec le doigt, tous les 3 cm et installez les boutures en les enfonçant de moitié. Tassez bien la terre, arrosez, et mettez cette terrine à mi-ombre, à l'abri des vents. N'oubliez pas de surveiller l'arrosage. Arrosez dès que la terre sèche, jamais avant. Début novembre, abritez la terrine sous châssis, en serre froide, ou sous une bonne couche de fougères sèches. En mars, rempotez les boutures en godets individuels. Attendez le mois de juin pour les mettre en place définitive, au soleil, et en sol bien drainé. Vous pouvez conserver ces boutures en godet pendant deux ans, à condition de surveiller l'arrosage en été.

Bouturer des vivaces

Aster, phlox, chrysanthème, héliopsis, salicaire, fuchsia, penstémon, anthémis, véronique, campanule, arabis, œillet, coréopsis... Si la division de touffe est le mode de multiplication le plus courant pour les plantes vivaces, le bouturage est aussi facile avec certaines variétés, et permet de faire une grande quantité de jeunes plants.

En mai et juin, prélevez des boutures herbacées de 5 à 8 cm, saines. Supprimez les feuilles basales. Remplissez une terrine d'un substrat composé à parts égales de terreau, de tourbe et de sable. Faites des trous, avec le doigt, espacés de 3 cm, enfoncez les boutures, tassez autour. Arrosez à l'aide d'un arrosoir à long bec, sans mouiller le feuillage. Installez cette terrine à mi-ombre, à l'abri des courants d'air, et, par la suite, arrosez dès que le mélange sèche. Les boutures herbacées réalisées durant les mois de mai et de juin s'enracinent rapidement, au bout de deux ou trois mois selon les espèces. En août ou septembre, rempotez individuellement chaque bouture, avec le substrat qui a servi au bouturage. En hiver, mettez-les dans un coin protégé du jardin, ou sous châssis. Fin mars, ou début avril, plantez-les en pleine terre.

Simple comme un bouturage d'hortensia

Rien de plus facile à multiplier que les hortensias et autres hydrangéas. Comme le bouturage se fait en plein été, lorsque ces arbustes sont en fleurs, il est facile de repérer ceux que l'on aime

Bouture de pélargonium.

particulièrement. Trois ans après, vous aurez déjà de belles plantes !

Coupez une tige saine de l'année, de 20 cm environ, sans fleur. Ôtez toutes les feuilles du bas, et ne conservez que les 2 feuilles restant en haut. Plantez les boutures dans un pot rempli de substrat composé à parts égales de terreau, de tourbe et de sable, en les espaçant de 7 à 8 cm. Arrosez. Placez le pot à l'ombre. Arrosez dès que la terre commence à sécher. Début novembre, placez le pot sous châssis, ou dans un endroit bien protégé. En mars ou avril, rempotez-les individuellement. Dès l'automne suivant, mettez-les à leur place définitive.

Comme les hydrangéas, bouturez berbéris, chèvrefeuille, corète du Japon, cornouiller, cotonéaster, éléagnus, forsythia, fuchsia, fusain, houx, spirée, boule de neige, lilas, deutzia, buis, kolkwitzia...

Bouturer un pélargonium (les géraniums de nos balcons)

C'est en été qu'il faut bouturer les pélargoniums. Sélectionnez les plus beaux et les plus sains. Coupez des extrémités de tiges de 10 à 15 cm de longueur. Ôtez les feuilles situées à la base. Coupez, aux ciseaux, une partie du feuillage restant, afin de limiter l'évaporation.

Emplissez des godets avec du substrat composé à parts égales de terreau et de sable. Faites un trou au milieu, placez les boutures, en les enfonçant de moitié. Tassez. Arrosez.

Placez les godets à mi-ombre, arrosez dès que la terre sèche en surface.

En octobre, rentrez ces boutures en pièce lumineuse et hors gel, à une température comprise entre 5° à 12°. Arrosez avec parcimonie, pendant l'hiver. Attendez le 15 mai suivant pour les placer en potée ou en jardinière.

Marcottage

Sous ce nom barbare se cache une opération toute simple. Certaines plantes ont une disposition naturelle à se reproduire par marcottage. Observez, dans la nature ou dans votre jardin, les végétaux dont les branches souples traînent sur le sol et se marcottent d'elles-mêmes. Profitez de cette aptitude pour multiplier les plantes.

Choisissez une branche basse et souple suffisamment longue pour être enterrée à 20 ou 30 cm de l'arbuste, en situation dégagée.
Choisissez la partie qui sera enterrée, enlevez les feuilles sur une vingtaine de centimètres, grattez l'écorce sur 3 ou 4 cm, et faites une légère incision au milieu.

GRANDES PLANTES D'APPARTEMENT
Les plantes d'intérieur à tiges lignifiées – caoutchouc, philodendrons, aralias, dracaenas, dieffenbachias – se multiplient aussi par bouturage aérien. Opérez en février-mars, lorsque les jours rallongent à toute vitesse, favorisant l'arrivée de racines. Pour une prise plus rapide, vous pouvez appliquer, au pinceau, des hormones de bouturage naturelles (eau de saule, voir p. 19).

Prévoyez une tranchée de 30 cm sur 15 cm de profondeur. Couchez le rameau dans la tranchée, en mettant la partie incisée au milieu.
Maintenez ce rameau avec un cavalier fabriqué avec un fil de fer assez rigide bien fiché dans le sol, un morceau de bois en forme de fourche ou des crochets.
Recouvrez de terreau. Tassez avec le dos de la main. Dégagez l'extrémité, tuteurez à la verticale. Arrosez. Désherbez régulièrement autour afin que la plante ne soit pas étouffée.
Deux ans plus tard, lorsque la marcotte est bien racinée, sevrez-la, en coupant le rameau avant la marcotte.
Rempotez cette nouvelle plante dans un pot, dans un mélange composé à parts égales de terre de jardin, de terreau et de sable, ou directement en place.
Ce mode de multiplication est simple. Il ne nécessite pas de soins particuliers, si ce n'est une surveillance quant à l'envahissement par les herbes voisines.
Que multiplier ainsi ? Les cotonéasters, les noisetiers, les cotinus, les forsythias, les cognassiers du Japon, les troènes, les camélias sasanqua...

Le marcottage en serpenteau

Idéales pour des plantes volubiles, comme le jasmin officinal, ces marcottes en série sont amusantes à faire.
Jasmin, glycine, clématite, lierre, chèvrefeuille, vigne vierge, ronces décoratives ou à fruits, hortensia grimpant, trachelospermum, solanum… Sans oublier le houblon doré, qui se marcotte souvent sans aide !
Choisissez une branche longue, souple et saine, laissez-la courir sur le sol. Faites des trous de 15 cm de profondeur, tous les 30 cm, à quelques centimètres de la branche, en parallèle.
Enterrez des pots de 15 cm de diamètre, emplissez-les de terre de jardin. Faites une légère encoche sur les parties des branches à enterrer, au niveau d'un nœud.
Placez les branches dans les pots, à la queue leu leu.
Maintenez les branches, au niveau des blessures, à l'aide de crochets enfoncés dans la terre. Recouvrez le tout de terre puis tassez avant d'arroser. Surveillez bien l'arrosage par la suite, en arrosant lorsque la terre est sèche. Une fois la tige en contact avec la terre, les racines vont se former au niveau des blessures.
Un an après, en principe, les marcottes sont racinées. Vérifiez, et si les racines ont bien empli le pot, sevrez les marcottes, en coupant la tige mère. Mettez les plantes à leur place définitive, avec leur motte.
Vous pouvez, bien sûr, effectuer ces marcottes sans pot, en faisant courir la tige dans une longue tranchée, plutôt que de la placer dans la succession de pots.
Mais le principe des pots évite le rempotage au moment du sevrage, et fait gagner un temps précieux pour la plantation définitive.

Voilà de bien belles racines.

Marcotter en buttes

Le marcottage en butte convient à des plantes ligneuses et touffues, permettant ainsi d'obtenir un grand nombre de bébés.
Le thym, les lavandes, le romarin, la sauge officinale, la sarriette vivace, l'hélianthème, l'hysope et de nombreuses autres plantes à rameaux érigés et qui se développent en touffe dense au ras du sol se multiplient ainsi.
En tout début de printemps, buttez la base des tiges, en ramenant et en entassant un mélange léger fait de terre de jardin, de tourbe et de sable. Laissez dépasser l'extrémité des branchettes. Remettez de la terre au fur et à mesure de l'arrivée des jeune pousses, ainsi que le lendemain d'une pluie ayant lessivé le sol et défait ces buttes. Arrosez si le temps est sec.

En septembre, lorsque les racines apparaissent le long des tiges, ôtez la terre tout autour du pied, avec précaution, et récupérez les marcottes racinées en les coupant à l'aide d'un sécateur désinfecté à l'alcool.

Repiquez chaque rameau raciné en godet, dans un mélange composé à parts égales de terreau et de sable, en enterrant les racines et quelques millimètres de tiges.

Tassez, arrosez. Entreposez ces boutures au soleil doux.

Dès le début du mois de novembre, rangez les godets sous châssis, ou dans un endroit bien protégé du jardin, en les couvrant d'une épaisse couche de feuilles ou de fougères sèches.

Mettez ces plants en terre en avril, dans un sol drainé. Si votre terre est lourde, posez une petite couche de graviers au fond du trou de plantation, et mélangez du sable à la terre de votre jardin. Attention à ne pas trop enfoncer le collet.

Le marcottage aérien

Les rhododendrons, les camélias, les magnolias ont des branches trop raides pour être ployées jusqu'au sol pour un marcottage traditionnel. Alors, il reste la solution du marcottage aérien. Lancez-vous dans cette technique aisée, bien amusante.

En mars ou avril, sélectionnez une tige bien lignifiée, c'est-à-dire qui forme du bois, ôtez les feuilles sur une partie de la tige. Incisez-la et enlevez une partie de l'écorce sur 1 ou 2 cm. Confectionnez un manchon avec un sac plastique opaque autour de la blessure. Garnissez ce manchon de sphaigne, de mousse des bois ou d'un mélange spécial orchidées. Maintenez-le à la base à l'aide de ruban adhésif, puis d'une ficelle ou d'un lien de raphia. Vaporisez, à l'aide d'un vaporisateur, de l'eau non calcaire. Fermez le sac en haut. Surveillez régulièrement.

Lorsque la marcotte est bien racinée, au bout de quelques mois, parfois au bout de deux ans, ôtez le manchon, sevrez-la en coupant la tige au sécateur, juste au-dessus d'un nœud. Mettez la marcotte en pot, dans un mélange de terre de bruyère et de sable. Attendez un an avant de placer le bébé arbuste à sa place définitive.

Des échanges

Le jardin, n'est-ce pas le partage avant tout ? Partage de graines, de plants, de récoltes, de cueillettes, de conseils, d'astuces...

Entre voisins

Vite, un tour chez le voisin pour lui proposer quelques pieds, quelques éclats. Rien de tel pour entretenir des rapports agréables, et susciter de riches contacts. Riches de conseils et d'astuces échangés, riches d'humanité, simplement...
Si les échanges avec les voisins, par-dessus le grillage, sont monnaie courante, il y a d'autres façons ludiques de rencontrer nos amis les jardiniers.

Les haies partagées ou le jardin entre voisins

Et si la haie séparatrice entre votre jardin et celui d'à côté, au lieu d'être, parfois, un sujet de litige se transformait en répartition de travail, et en plaisirs communs ?
En maisons particulières, si les échanges de graines et de récoltes existent entre voisins, le sens de la propriété est tel, que chacun a tendance à considérer la haie comme lui appartenant, d'où des conflits assez fréquents. Si l'entente est bonne, pourquoi ne pas faire frontière commune ?
Choisir ensemble les arbustes de séparation, partager les frais en deux, s'entendre sur la manière de tailler, libre ou non. Chacun d'un côté ou une fois sur deux...
À vous de faire le premier pas, d'inviter vos voisins un beau jour de printemps à un pique-nique au jardin, afin de leur exposer votre point de vue, et de voir s'ils sont prêts à tenter l'expérience.
Une haie mitoyenne peut se composer d'arbustes donnant des baies et des fruits comestibles. Fruits à vous partager tout au long de l'année.

POMMES ET POIRES

Pour trouver des variétés de pommes ou de poires particulières à un terroir, il y a des clubs d'amateurs dans chaque région. Les croqueurs de pommes, les mordus de la poire initient à la taille, à la greffe et font découvrir des variétés anciennes et oubliées. Ces associations sauvent le patrimoine fruitier.

Un cadeau pour le voisin.

Goûter, échanges et cueillettes

Un troc de graines, une distribution de boutures, une salade offerte aux voisins parce que la récolte est abondante, ce sont des petits riens qui comptent beaucoup et embellissent la vie de tous les jours. Ajoutez à ceci la joie de partager cet endroit unique : votre jardin ! C'est en incitant vos proches à le visiter que vous en faites un lieu de convivialité.

Votre cerisier est tellement garni de cerises que vous n'arriverez jamais à bout de la cueillette, ou encore vous êtes incapable monter sur une échelle ? Organisez un goûter au jardin. Chacun apporte un gâteau, vous servez du thé, et les amateurs se chargent du ramassage, à partager ensuite entre tous. Un bon moment de passé, avec papotage, échange de conseils jardin et recettes.

N'oubliez pas de commander le soleil, indispensable pour la réussite de cette rencontre, et préparez, pour offrir, des petits godets de vos plantes et des sachets de semences. Demandez à vos invités d'en faire autant.

SURPLUS DE RÉCOLTE

Mais que faire du surplus de récolte lorsque les proches sont absents, et que vous n'avez plus de place au congélateur ? Posez un cageot rempli de tiges de rhubarbe, de petits bouquets d'herbes aromatiques, ou de tout autre produit du jardin, devant votre maison, avec une petite pancarte où vous inscrivez : « Si vous aimez, servez-vous ».

EST-IL UTILE D'ADHÉRER À UNE ASSOCIATION DE JARDINIER ?

Que l'on soit jardinier débutant ou collectionneur fou, rencontrer des passionnés est le meilleur moyen d'apprendre un peu plus, d'échanger conseils et plantes et même de voyager afin de découvrir les végétaux en situation. Certaines associations regroupent des sections thématiques, d'autres ne concernent que les monomaniaques (orchidées, bégonias, roses, cactées, plantes alpines...). Certaines intéressent les jardiniers débutants, d'autres de férus botanistes. Conférences, échanges de toutes sortes, voyages botaniques, bibliothèque, bulletin ou revue sont souvent au programme de ces associations.

Les villes s'y mettent

Communes et associations organisent de plus en plus couramment des bourses aux fleurs. Ces manifestations d'un nouveau genre deviennent incontournables dès le retour des beaux jours.

En plein air, chaque jardinier vient échanger plants et graines contre d'autres variétés : et tout ça, sans dépenser un seul sou ! Ces rencontres de passionnés sont l'occasion parfaite de glaner conseils et petites astuces.

Certaines villes proposent des dons de compost et de graines : renseignez-vous ! Faites ami-ami avec les jardiniers de votre commune : ils jettent les fleurs lorsqu'ils refont les massifs. À récupérer pour les graines, ou même parfois pour replanter.

Savoir acheter

Même en jardinant à l'économie, des achats sont à prévoir régulièrement, pour tout ce qui est matériel, sans oublier les plantes dont on rêve.

Terreau, compost et compagnie

Même si vous faites vos paillis, terreaux et compost, vous en avez rarement suffisamment pour jardiner à longueur d'année.
CAT et communes en proposent souvent à prix doux. Renseignez-vous auprès de votre mairie. Par grande quantité, le prix est toujours plus avantageux. Peut-être avez-vous un voisin intéressé par une commande groupée ?

Le matériel

Acheter n'est pas toujours valable : si vous utilisez une broyeuse une fois par an, mieux vaut la louer, éventuellement avec des voisins, pour partager les frais.
Vous avez régulièrement besoin d'une remorque. Mais jamais à temps plein, n'est-ce pas ? Achetez-la à deux, avec un ami sûr, et faites un planning : quinze jours chez l'un, quinze jours chez l'autre.
Quant à la tondeuse, si votre jardin est petit – ce qui est souvent le cas dans les zones pavillonnaires –, revenez à la bonne tondeuse manuelle ! Prenez ça comme une séance sportive ! En plus d'être efficace et simple d'utilisation, la tondeuse manuelle est beaucoup moins chère qu'une tondeuse classique. Pas de panne, pas d'achat de carburant. Et elle vous épargne le bruit et la pollution.

ACHATS GROUPÉS DE PLANTS POUR LE POTAGER

Là aussi, le partage est roi ! Groupez-vous à plusieurs pour acheter des griffes d'asperges, des plants de poireaux ou de choux : vous les paierez beaucoup moins cher en les prenant par 100.

Achetez des barquettes de salades diverses, et faites un panachage entre voisins. Idem pour les pommes de terre : plantez des variétés différentes, en achetant, à deux ou à trois, un sac de 5 kg de bintge, un sac de 5 kg de charlotte et un sac de 5 kg de rosa.

Va-t-on se laisser tenter ?

Les conseils

Participez aux activités de votre société d'horticulture locale. Elle organise sans doute des conférences, des marchés aux plantes, mais aussi des échanges et autres activités où vous obtiendrez informations, adresses et végétaux pour presque rien.

Les plantes

Le pépiniériste près de chez vous

Il connaît la région, le climat, et vous pouvez lui faire confiance pour l'achat de plantes basiques. Passez le voir régulièrement, afin de nouer de bonnes relations.

Les jardineries

Comme dans tout commerce, il y en a de bonnes... et de moins bonnes. Vous aurez vite l'œil pour repérer celles où les plantes sont bien soignées.

Les grandes surfaces

Évitez d'acheter des végétaux d'extérieur vendus en intérieur. Lorsque des arbustes aimant le froid côtoient pour plusieurs jours le rayon papeterie ou vaisselle, dites-vous que ces plantes ont déjà transité par d'autres endroits aux températures excessives. En revanche, le jour où ces végétaux sont soldés pour presque rien, rien ne vous empêche de tenter un sauvetage.

Sur le marché

Les horticulteurs locaux proposent, à prix doux, plants de légumes et parfois plantes d'ornement, chaque semaine sur votre marché. Faites-leur confiance, ils sont sûrs de vous revoir !

Les manifestations horticoles

La ronde des expos autour des plantes tourne un peu partout en France. Faites-vous partie de ces inconditionnels qui les arpentent avec passion ? Recherche de la perle rare, ambiance, conseils... Les motivations pour se rendre à ces expositions sont multiples, et si vous n'avez encore jamais eu l'occasion d'en visiter, profitez de la belle saison pour découvrir celle qui se trouve près de chez vous.

Vous dénicherez peut-être la plante que vous cherchez depuis des années, l'arbuste parfumé qui embaumait le jardin de vos grands-parents, une orchidée étrange, une rose aperçue lors d'une balade... et beaucoup d'autres trouvailles. Amusante pour les débutants, indispensable pour les avertis, c'est une sortie à programmer très vite. Ne croyez pas que les plantes présentées sont essentiellement des raretés difficiles à cultiver. On y trouve aussi de bonnes plantes faciles à vivre, des idées de présentation et de mise en scène.

SOYEZ RAISONNABLE

Évitez de craquer pour des plantes difficiles à cultiver, que vous seriez obligé(e) de changer chaque année. Optez pour de bonnes plantes faciles à vivre et à multiplier et censées se plaire dans votre région. N'achetez que ce qui est nécessaire, ne vous laissez pas entraîner par trop d'achats coups de cœur.

Ne vous fiez pas à la taille de la manifestation : de belles rencontres se font même là où il n'y a qu'une vingtaine d'exposants. Car le but de ces expositions, ce sont les rencontres justement. Celles de pépiniéristes passionnés par leur métier, qui en profitent pour transmettre leur savoir. Ces professionnels viennent ainsi à vous pour se faire connaître, mais surtout pour partager leur passion.

Pour une première rencontre horticole, allez dans un endroit connu et reconnu. Ensuite seulement vous pourrez, si vous êtes curieux, tester une nouvelle exposition. Renseignez-vous auprès de vos amis plus experts que vous avant de partir à l'aventure. Les journaux de jardin font une sérieuse sélection, vous pouvez leur faire confiance.

Vous y paierez une plante parfois un peu chère, mais si elle le vaut, par sa qualité, vous ne le regretterez pas.

Partie II

Un jardin économe en eau

Un constat sans appel

Le jardinier débutant, porté par l'enthousiasme, procède généralement par coups de cœur. Il vient d'acquérir un jardin, petit ou grand, et il s'imagine avec naïveté que toutes les plantes dont il a fait l'acquisition un peu au hasard vont s'y développer avec bonheur. Après quelques semaines, force est de constater que certaines de ses protégées commencent à révéler des signes inquiétants : feuilles jaunissantes, jeunes pousses mollassonnes, traces de pourriture au niveau du collet... Et notre jardinier, dépité, de s'interroger, lui qui s'applique à ce qu'elles ne manquent jamais d'eau !

Premier enseignement : selon le milieu dont elles sont issues, les plantes n'ont pas toutes les mêmes besoins. Certaines aiment les terrains secs et les situations ensoleillées, d'autres les sols lourds, voire argileux, avec une humidité permanente, d'autres encore seront plus à l'aise si le soleil les réchauffe le matin mais les oublie l'après-midi, aux heures les plus chaudes de la journée... Lavande, armoise ou sarriette redoutent comme la peste les excès d'eau qui entraînent leur dépérissement à très brève échéance. Les arroser aussi abondamment et régulièrement que des hostas ou des fougères, plantes pour leur part gourmandes en eau, est donc une ineptie.

Cet exemple permet de comprendre pourquoi l'arrosage automatique peut se révéler particulièrement contreproductif, alors que bon nombre de propriétaires de jardins pensent en toute bonne foi se débarrasser du problème avec ce type d'installation. Apporter la même quantité d'eau à des plantes dont les besoins diffèrent autant est donc parfaitement insensé.

Connaître le milieu d'origine des plantes que l'on convoite aidera par conséquent à réunir dans un même environnement (sol et irrigation) des espèces aux exigences similaires. Une plante d'ombre ne pourra pas cohabiter avec une habituée des expositions ensoleillées; tout comme terre drainée ou terre lourde accueilleront des vivaces et des arbustes différents. Pour la simple et bonne raison que les plantes de sous-bois affectionnent les terres riches et humifères alors que les plantes issues de régions à faible hygrométrie ne se sentiront jamais aussi bien que dans un sol drainé, les racines confortablement au sec et la tête au chaud.

LES BONNES FEUILLES

Petit rappel de biologie : la feuille fait partie des organes vitaux de la plante. Elle est chargée de capter l'énergie produite par la lumière. Un processus complexe d'échanges permet ensuite à cette même plante de se développer. On oublie parfois que la vie de l'homme et des animaux dépend de ces simples feuilles qui alimentent l'atmosphère en oxygène, gaz sans lequel nous n'existerions pas.

Nul besoin de posséder un grand sens de l'observation pour s'apercevoir qu'il existe dans la nature une infinie variété de feuilles. Grandes feuilles plates et molles ou petites feuilles coriaces en forme d'aiguilles, feuilles en forme de lances, de cœurs ou de petites mains : ce n'est pas pour satisfaire le goût du jardinier pour la diversité que ces différents modèles existent.

Pour survivre, continuer à capter la lumière et, ce, quel que soit l'environnement climatique, les feuilles se sont petit à petit transformées jusqu'au cas extrême des cactus dont les épines sont en réalité d'anciennes feuilles métamorphosées pour assurer la survie de la plante en climat chaud et sec. Capter perpétuellement la lumière tout en restant en vie, qu'il pleuve un peu, beaucoup, rarement ou pas du tout : telle est l'équation à laquelle les feuilles n'ont cessé de se trouver confrontées au fil des temps.

Le réflexe habituel de tout jardinier est d'arroser régulièrement à faible dose, pensant à tort qu'en humidifiant la terre à la surface, les plantes seront comblées. La vérité est tout autre. Les arrosages légers maintiennent effectivement la terre humide mais à une faible profondeur, avec pour conséquence essentielle que les racines des plantes vont rechigner à s'enfoncer profondément dans le sol. À la moindre sécheresse, ces plantes connaîtront donc un stress hydrique majeur, et si cette sécheresse dure, elles finiront par succomber.

Dans la nature, les plantes sont obligées de se débrouiller toutes seules. Dans les régions chaudes, le système racinaire de nombreuses espèces s'est parfaitement adapté à l'urgence de la situation. À peine a-t-elle germé que la petite plantule étire sa racine dans le sol, bien à la verticale, afin d'assurer un contact avec la zone où se concentrent les poches d'humidité. Plus tard seulement, les radicelles se multiplieront sur cette racine principale, permettant à la plante d'emmagasiner les nutriments situés dans les couches intermédiaires du sol.

On le voit : le premier réflexe, c'est l'eau. Pour inciter les nouvelles plantations à enfoncer elles aussi leurs racines loin dans la terre, il sera donc nécessaire de privilégier des arrosages abondants, espacés dans le temps, en bannissant ceux qui, prodigués à petite dose régulière, ont pour conséquence de rendre les plantes dépendantes et totalement vulnérables.

Quelle quantité d'eau ? À quel intervalle ? Comment s'assurer que l'eau s'infiltre bien en profondeur et ne soit pas gaspillée en se répandant tout autour ? Nous y reviendrons tout au long de ce livre.

Climat et microclimat

La région dans laquelle il se trouve va naturellement déterminer le jardinier dans le choix des plantes qu'il envisage d'introduire. Pour cela, il est utile de se renseigner sur l'origine géographique des plantes en question. Sinon, les pépiniéristes spécialisés sauront fournir toutes les informations nécessaires concernant la rusticité de telle vivace ou de tel ou tel arbuste. On ne plante évidemment pas le même type d'espèces en climat océanique et en climat de montagne, pas plus qu'en climat de plaine ou encore méditerranéen.

Une fois qu'on a dit cela, il n'en demeure pas moins que certaines plantes font preuve d'une si grande faculté d'adaptation qu'on les croirait capables de tout supporter. Ce sont de bonnes filles, faciles à vivre, qui sont parfois tellement peu regardantes sur leurs conditions de culture qu'elles passeraient presque – et fort injustement – inaperçues. Une chose est sûre, même dans une région donnée, les conditions climatiques peuvent varier de quelques degrés, selon que l'on se trouve en bordure de forêt ou sur une colline exposée au sud, dans une vallée encaissée ou bien sur un plateau où souffle le vent.

Dans un même jardin, chacun sera amené à constater que selon les emplacements, il est tout à fait possible de jouer avec le thermomètre. Le pied d'un mur exposé au soleil sera par exemple parfait pour des agapanthes et quelques bulbes de nérines, alors que ces mêmes plantes, installées à cinquante mètres de là, dépériraient sans doute, victimes de courants d'air glacés ou d'un sol gorgé d'eau. Envisager son jardin comme un territoire bien plus vaste, avec ses zones plus ou moins privilégiées, permet en somme d'y héberger une plus grande diversité botanique.

LES DIFFÉRENTS TYPES DE CLIMATS EN FRANCE

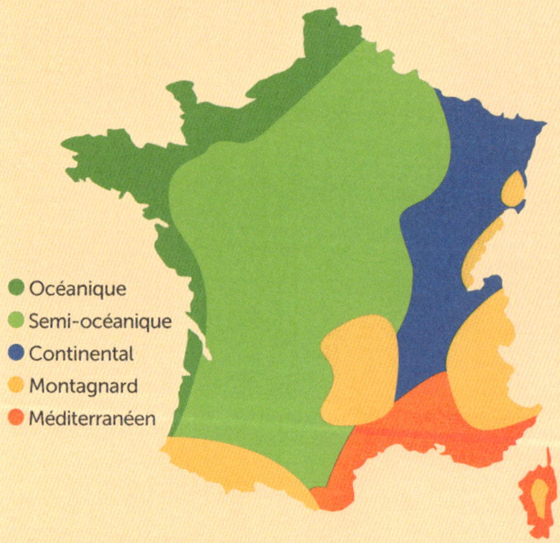

LA FRANCE SE CARACTÉRISE PAR CINQ TYPES DE CLIMATS QUI DÉFINIRONT BIEN ENTENDU LES ESPÈCES BOTANIQUES QUI PEUVENT Y ÊTRE ACCUEILLIES.

• Climat océanique. Appartenant au climat tempéré, il se caractérise par des hivers frais et humides et des étés doux. Le temps dans ces régions est variable et le maximum des précipitations se situe durant la saison froide.

On a parfois l'impression qu'il y pleut beaucoup, pourtant la moyenne annuelle des précipitations est de l'ordre du mètre. Quant aux températures, elles frappent surtout par le faible écart thermique entre l'hiver et l'été. La température moyenne annuelle varie entre 8°C et 16°C. En été, les moyennes sont de l'ordre de 22°C. L'avantage, pour le jardinier, réside dans l'absence de fortes gelées en hiver.

• Climat semi-océanique. En pénétrant dans le continent, le climat change. On observe une augmentation des pluies, des étés plus chauds et des hivers plus froids. C'est en quelque sorte un climat océanique, mais qui subit des influences de l'est de l'Europe. On peut tout à coup, par exemple, subir des températures glaciales pendant une période d'une semaine à dix jours. Ou bien des épisodes caniculaires en été. L'amplitude thermique y est plus forte qu'en climat océanique, puisqu'on tourne autour de 0°C en hiver et 30°C en été. La pluviométrie est en principe plus faible qu'en bord de mer et, ces dernières années en France, plus importante en été qu'en automne.

• Climat continental. Les écarts thermiques augmentent encore en climat continental. Ce climat, pour les jardiniers, est considéré comme brutal à cause de la forte différence entre les températures d'hiver (gel et neige très fréquents) et celles d'été. En hiver, on peut subir des baisses de température jusqu'à - 20°C et dépasser facilement les 30°C pendant la saison chaude. Les mois de juin et juillet sont des mois de pluies fréquentes.

• Climat montagnard. Des hivers froids et des étés frais et humides caractérisent ce climat. Les précipitations y sont à peu de chose près celles de la région de plaine voisine. En climat de montagne, l'exposition joue un rôle déterminant et l'orientation du terrain sera donc à prendre en compte lors de l'aménagement paysager.

• Climat méditerranéen. Avec des étés où la température dépasse largement les 30°C pour approcher les 40°C, ce climat est aussi celui de la sécheresse estivale. Des pluies éparses (sauf quelques rares orages) et des températures brûlantes de juin à août en font le climat idéal pour la plupart des plantes décrites dans ce livre. Au cours de l'hiver, c'est souvent le règne de la douceur, avec des chutes de neige exceptionnelles. Pour le jardinier, les forts vents que sont le mistral et la tramontane l'obligent à s'adapter, en plantant des haies brise-vent par exemple.

Comment les plantes résistent au sec

Pour parvenir à limiter au maximum, voire à supprimer, les apports en eau, il faudra de préférence se tourner vers des espèces issues des régions du globe qui correspondent à cette attente. On parle ici de plantes originaires du climat méditerranéen (été chaud et sec et hiver humide, plus ou moins doux). Ne pas prendre cette notion de climat méditerranéen au sens restrictif, puisque, outre le Bassin méditerranéen, l'Afrique du Sud, l'Australie, la Californie et le Chili sont tout autant concernés.

Les plantes de ces régions ont développé, au cours des temps, de multiples stratagèmes pour résister à la chaleur et minimiser les pertes en eau. La forme des feuilles (réduites à l'extrême ou linéaires), leur texture (épaisse, coriace, etc.), leur couleur même (grisâtre ou d'un vert foncé tirant vers le bleu), sont la conséquence de cette adaptation. Les feuilles grises sont en réalité bien vertes, mais leur surface exposée au soleil est recouverte de poils blanchâtres qui ont pour mission de réfléchir les rayons ardents et donc d'éviter une trop grande évaporation de l'eau. Le rôle de ces poils est également de retenir l'humidité des brumes matinales. Au jardin, moins ces plantes grises recevront d'eau, plus elles seront belles !

De la même manière, les sédums ont des feuilles charnues qui stockent l'eau. Une pellicule cireuse ou rigide permet ensuite que cette eau soit conservée dans la plante. D'autres plantes ont des feuilles coriaces ou feutrées ou couvertes de poils soyeux. Pas non plus de grande surface foliaire ni de feuilles fines que les rayons du soleil brûleraient en un éclair ! Un certain nombre d'arbres et d'arbustes des milieux arides ont déployé un feuillage particulier, vernissé sur le recto (imperméable à l'action du soleil) et dont les organes de respiration se trouvent au revers, partie moins exposée à la chaleur intense. Autant d'adaptations qui contribuent à limiter l'évaporation de l'eau, résister étant le maître mot.

Il ne faudrait pas pour autant s'imaginer qu'en concentrant son choix sur des espèces habituées à jouer les chameaux, la palette végétale se réduirait à une peau de chagrin. Les revues spécialisées ont imprimé pendant des décennies les mêmes images de jardins méditerranéens où seuls lavande, santoline et laurier-rose tenaient la vedette, nous donnant à penser que l'aridité ne pouvait être synonyme de diversité. Résultat, nombreux sont ceux qui s'imaginent encore qu'il n'est de véritable jardin sans « mixed-border » à l'anglaise, roseraie opulente et pelouse au vert intemporel. La réalité est tout autre, fort heureusement, et l'inventaire des plantes à découvrir est presque infini. Quelle bonne nouvelle !

Petites et grosses racines

Les racines des plantes ont deux fonctions : leur permettre de pourvoir à leurs besoins en eau et en nutriments d'une part, les arrimer au sol d'autre part.

On distingue deux sortes de racines : les racines pivotantes et les racines fibreuses.

Les racines pivotantes sont un peu la plaie des habitués du désherbage. Pissenlit, chardon et rumex (oseille sauvage) en sont pourvus. Il faut utiliser une gouge pour parvenir à les déloger, et même avec cet outil, il arrive qu'on échoue. Enfin, panais, carotte et autre rutabaga ne sont rien d'autres que des racines pivotantes dont nous nous nourrissons ! Ces racines épaisses et charnues emmagasinent la nourriture de la plante. Elles s'enfoncent profondément dans le sol pour y puiser, à peine la petite graine germée, les ressources indispensables à sa survie.

Les racines fibreuses forment au contraire un réseau de racines qui se ramifient sans s'enfoncer dans le sol. L'exemple le plus connu est celui du lierre qui peut ainsi former un vaste ensemble de racines peu profondes mais cependant solidement fixées au sol. La pervenche, de nombreux géraniums vivaces ou encore les persicaires développent ce type de racines. Pour fixer les talus, elles sont fort précieuses. Les racines fibreuses vont se diriger vers les endroits où humidité et nutriments abondent.

Quel que soit le type de racines des plantes que vous allez accueillir, la règle sera par conséquent la même : arrosage espacé mais en quantité ! Les racines pivotantes iront naturellement puiser l'eau en s'enfonçant dans le sol. Et les racines fibreuses seront obligées de s'enfoncer plutôt que de limiter leur développement à la surface.

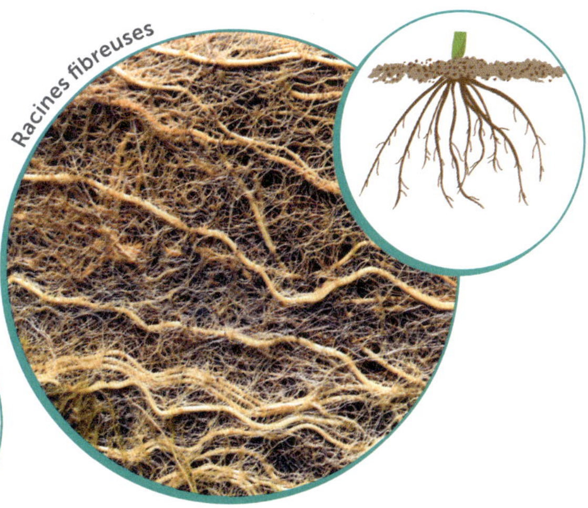

Se lancer !

Pour démarrer, c'est l'envie qui compte, en s'inspirant des ambiances qu'on affectionne, et sans brûler les étapes. Un jardin sec pour des plantes habituées à vivre à la dure ? Les ouvrages d'inspiration ne manquent pas, les jardins à visiter également et il est toujours précieux, bien entendu, de rendre visite à des pépiniéristes spécialisés toujours prêts à apporter de précieux conseils.

Les sauges majestueuses ❶, les cistes aux fleurs de papier, les phlomis aux drôles d'inflorescences couleur paille ou le si précieux *Helichrysum italicum* ❷ dont le parfum de curry est un enchantement olfactif : les découvertes sont nombreuses et le champ des possibles apparaît vite illimité. D'ailleurs, se restreindre est une expression que les jardiniers n'aiment guère !

On trouve toujours une petite place pour un *Melianthus major* au feuillage bleuté étrangement découpé ou une belle touffe d'agapanthe azurée. Petit à petit, s'ouvre un monde nouveau où les textures comme les odeurs jouent un rôle déterminant. Pensez : un jardin foisonnant, beau toute l'année et qui ne requiert qu'un travail mesuré...

Ne pas brûler les étapes

De plus en plus de régions sont aujourd'hui concernées par des épisodes de sécheresse. Des semaines sans précipitations, avec un thermo-

mètre bloqué au-dessus de 30°C : le phénomène est loin désormais de toucher uniquement les départements du Sud. Doit-on pour autant renoncer à avoir un bon jardin ? Est-on obligé, pour ne pas voir ses plantes dépérir, de devenir corvéable à merci, quitte à faire exploser sa facture d'eau dans le seul but de maintenir en vie quelques raretés jamais rassasiées ? La réponse à ces deux questions va dépendre de notre capacité d'adaptation. Jardiner, il ne saurait être question de s'en priver, fort heureusement. Mais qu'il nous faille jardiner autrement, cela devient une évidence largement partagée.

En terre sèche, caillouteuse, chauffée par un soleil constant du matin au soir, certaines plantes s'imposeront naturellement. Malgré cela, même si le jardin concerné n'est pas soumis à un climat de type méditerranéen, il est fort probable qu'en quelques parties on puisse y accueillir des plantes plus spécifiquement adaptées aux terrains secs. Les talus ❶, par exemple, où l'eau ruisselle sans s'attarder, ou bien le pied des murs exposés au sud, ou encore le pourtour des arbres que la concurrence racinaire assèche, seront autant de lieux favorables. Avec les années, chacun pourra constater que ces espaces de terre plus sèche vont avoir tendance à se multiplier.

Loin de nous l'idée de prôner un modèle unique de jardin sec applicable du Nord au Sud ! Toute région a sa spécificité, et rien ne semble plus déprimant que les palmiers ou les oliviers que l'on s'obstine parfois à vouloir acclimater dans un environnement de bocage normand. Cela étant dit, tout en admettant qu'aucun jardin n'est

dissociable du paysage alentour, l'acclimatation de nouvelles plantes, du fait précisément de la nouvelle donne liée au changement climatique, représente un enjeu passionnant dont les jardiniers, professionnels ou non, sont en train de mesurer l'ampleur.

Les choses bougent mais il n'y a pas lieu, pour autant, d'agir dans la précipitation. Aucune transformation ne se fera sans une bonne connaissance des éléments en présence. On ne saurait procéder autrement que par étapes et l'examen du terrain en est une essentielle. Ensuite, il suffira d'opter pour des actions mesurées ou des transformations plus radicales. Selon l'humeur ou les capacités de chacun !

Étape 1. Bien connaître sa terre

La nature du sol joue un rôle déterminant dans la création d'un jardin. Terre acide ou terre alcaline, et les espèces plantées ne seront pas les mêmes. Des kits d'utilisation facile sont commercialisés pour connaître le pH du sol ❷. Il suffit de prélever des échantillons de terre, d'y ajouter de l'eau déminéralisée et d'y plonger une bande de papier indicateur fournie avec le kit.

Au-dessous de 6,5, le sol est acide. Entre 6,5 et 7,5, il est neutre. Si le résultat affiche un chiffre supérieur à 7,5, le sol est alcalin.

DRAINAGE D'UNE TERRE LOURDE LES BONS GESTES POINT PAR POINT

L'opération consiste à mélanger du sable à la terre argileuse (30 à 50%) puis à surélever les parties destinées à accueillir les plantations. Pour ce faire, on ajoute une couche de 30 cm de terre, elle-même allégée, là où l'on a prévu les massifs de plantes. Les parties situées entre les massifs, destinées aux passages, aux allées, etc., sont aménagées avec des graviers (drains sous les graviers si besoin). Ainsi préparé, le jardin est prêt à recevoir les plantations adaptées aux étés secs et chauds. L'eau sera entraînée dans les profondeurs. Fini le risque de stagnation et d'asphyxie des racines.

Suivant la variété des herbes vagabondes qui poussent à l'état sauvage, on peut également tirer de précieux enseignements. Bruyère, ajonc ❶, oseille, digitale ou bouleau sont le signe d'une terre acide. À l'inverse, un sol de nature calcaire peut être identifié par la présence de trèfle, sorbier, camomille, chardon ❷ ou bleuet. Les sols à tendance calcaire sont d'ailleurs assez fréquents autour de la Méditerranée. Les plantes calcifuges en seront bannies. Gagnées par la chlorose (jaunissement des feuilles), elles ne tarderaient pas en effet à dépérir. Les sols acides peuvent, eux, accueillir un plus grand éventail de plantes. Dans les terres neutres, on plante à peu près ce que l'on veut.

Modifier la nature du sol est une tâche difficile. Pour lutter contre le calcaire, on fait des ajouts de chaux horticole, mais cela permet juste de faire varier le pH d'1 point, et puis de toute façon, la nature du sol finit toujours par reprendre le dessus et cela devient un travail sans fin. Mieux vaut donc s'adapter, en choisissant les plantes qui conviennent, ce qui ne manque pas.

Après la nature du sol, sa texture ! Déterminer la texture du sol est essentiel, et plus encore quand on se prépare à accueillir des plantes aptes à résister à de longues périodes de sécheresse. Il existe des terres qui ne retiennent pas l'eau et d'autres où l'eau peut stagner tout l'hiver. La présence de sable ou d'argile dans le sol explique ce phénomène.

Une terre sableuse, par exemple, possède un toucher rugueux et contient des particules facilement palpables. À l'inverse, une terre argileuse est pâteuse. Elle devient collante après la pluie, sorte de pâte à modeler pour enfants. Les terres lourdes se dessèchent en été jusqu'à se crevasser et devenir dures comme de la pierre.

1

2

Quelle terre convient aux plantes d'origine méditerranéenne ? Celle qui retient l'eau ou celle, poreuse, à travers laquelle la moindre précipitation passe comme dans un filtre ? Il suffit d'observer les paysages de Grèce, de Corse ou de toute autre région de cette partie du globe pour obtenir la réponse. Car si ces plantes ont appris à résister au double effet des fortes chaleurs et du manque de précipitations, il y a une chose qu'elles ne supportent absolument pas, c'est l'absence de drainage. L'eau qui ne s'évacue pas et stagne autour de leurs racines finit par les faire pourrir.

Conclusion : si votre terrain est à tendance sableuse, c'est une chance car les plantes de ces régions s'y plairont sans que vous ayez à intervenir. En revanche, s'il présente toutes les caractéristiques d'un sol argileux, inutile de penser planter des espèces originaires des régions méditerranéennes sans un minimum de préparation. Il est important d'insister sur ce point, car ignorer le problème conduirait à un échec certain.

Étape 2. Arrosage malin : imiter la nature !

Dans la nature, les plantes développent de multiples stratégies pour s'adapter à leur milieu. Dans les régions où les étés sont brûlants, elles se mettent en sommeil durant les mois de chaleur intense, et profitent au contraire de l'automne, de l'hiver et d'une partie du printemps pour pousser. Pendant cette période, comme il a déjà été dit, les racines des jeunes plantes s'ancrent profondément dans le sol à la recherche de zones humides. Il s'agit tout bonnement de lutter pour survivre. À la surface, il ne se passe pas grand-chose la première année qui suit la germination. Les quelques feuilles nouvelles laissent mal deviner ce qui se trame dans la zone souterraine. Le fait d'arroser en plein été les espèces adaptées au sec va donc avoir un effet tout autre que celui désiré.

On apporte de l'eau en période chaude, alors que les plantes n'en ont normalement pas besoin, leur croissance n'ayant pas lieu, en milieu naturel, à cette période. Cet apport d'eau aura, en outre, pour conséquence de créer une zone d'humidité au pied de la plante. Bon nombre des plantes méditerranéennes ne le supporteront pas. Champignons et maladies peuvent ainsi prospérer au niveau du collet (zone fragile entre les racines et le début des tiges aériennes).

Pour imiter au mieux le processus naturel, il conviendra donc d'effectuer la plantation tôt en automne. Les plantes auront ainsi la possibilité de s'installer tant que la terre est encore chaude, puis de profiter des premières pluies d'automne pour faire croître leurs racines. Si l'on n'a pas la possibilité d'agir de cette manière, il vaut parfois mieux attendre une année supplémentaire, car en effectuant la plantation au printemps, les jeunes plants n'auront pas le temps de s'adapter et subiront un stress hydrique qui pourra dans certains cas leur être fatal.

Étape 3. Planter comme il faut

Que l'on plante des arbustes ou des plantes vivaces, il convient de laisser tremper le godet dans l'eau avant de mettre la plante en terre. En général, il suffit que plus aucune bulle d'air ne remonte à la surface pour que la motte soit humidifiée comme il faut.

Débarrasser la plante de son conteneur (petit pot de plastique noir ou gris) peut s'avérer plus compliqué que prévu. Il arrive en effet que les racines soient passées par les trous au fond du pot et

rendent l'extraction périlleuse.On peut trancher les racines extérieures sans problème ! Néanmoins, les racines qui sont restées trop longtemps dans le même pot ont quelquefois tourné sur elles-mêmes jusqu'à former un chignon.

Si on plante la vivace ou l'arbuste sans défaire ce chignon, les racines vont continuer de tourner sur elles-mêmes et la plante ne se développera pas comme il faut. Dans le cas qui nous occupe, soit la plantation en terrain sec, l'effet sera d'autant plus négatif que la plante ne pourra jamais ancrer ses racines assez profondément dans le sol pour devenir autonome. Elle finira donc très probablement par mourir de soif !

Dans ces circonstances, il est préférable de défaire le chignon avec précaution, en le déroulant et en dénouant une à une les racines... Chez un pépiniériste sérieux, qui rempote régulièrement ses sujets ou utilise des conteneurs spéciaux, le problème du chignon ne se rencontre guère. Raison de plus pour ne pas s'approvisionner n'importe où !

Le trou de plantation

Il sera au moins égal au double de la taille du pot en tous sens. Mais c'est un minimum car une terre bien ameublie rendra plus facile le développement des racines dans le sol. Ce qui est essentiel, c'est que la plante soit enterrée à la bonne profondeur. Ni trop ni trop peu. Il faut en réalité qu'elle retrouve, une fois plantée, le niveau qu'elle avait dans son pot. Trop enfoncée, la plante pourrirait en hiver. Pas assez, elle se dessécherait en été. On peut s'aider d'un tuteur déposé à l'horizontale de part en part du trou de plantation pour s'assurer que le collet se trouve à la bonne hauteur. Quand la plante est installée, on rebouche le trou et on prend soin de bien tasser la terre autour de la motte. Ensuite, on arrose généreusement.

La distance de plantation

L'écart à respecter entre les plantes que l'on installe au sein d'un même massif dépend bien évidemment de la taille que ces plantes prendront à l'âge adulte. Très souvent, cette distance est précisée dans les catalogues des pépiniéristes ou sur l'étiquette figurant sur le godet.

Pour les plantes vivaces, la distance varie entre 20 cm et 100 cm. Les petites vivaces de 15 cm de hauteur se contenteront des 20 cm et celles allant de 80 cm à davantage auront besoin d'1 mètre pour s'épanouir correctement. Entre ces extrêmes, compter 30 cm environ pour des vivaces d'une hauteur équivalente et 40 à 60 cm entre deux plantes quand la hauteur prévue oscille entre 50 et 80 cm.

Ces précisions sont données à titre indicatif. On en tiendra compte avec souplesse, selon que l'on privilégie des plantations denses ou pas. Elles permettent cependant de ne pas perdre de vue, lorsqu'on se retrouve avec une grande quantité de petites plantes en godets qui se ressemblent toutes, que certaines deviendront de vraies géantes et d'autres pas.

Pour les arbustes, cette distance varie vraiment selon les sujets. Si les arbustes sont plantés trop serrés, ils vont se gêner et le résultat sera décevant. Il faut offrir à chacun un espace suffisant afin qu'ils se développent harmonieusement. Encore une fois, la bonne plante au bon endroit doit être la règle. Il convient d'avoir en tête quelle taille atteindra tel ou tel spécimen à l'âge adulte. Rien n'est plus frustrant en effet que de devoir s'acharner à tailler un *Buddleja* ou un olivier de Bohême qui a été planté au mauvais endroit et dont l'ampleur nous dépasse. La silhouette de tel ou tel sujet n'est que trop peu prise en compte lors du choix. C'est ainsi que l'on mutile des *Viburnum plicatum* dont le port étagé est l'un de ses principaux atouts, ou que l'on décapite indéfiniment des arbustes placés à tort devant des fenêtres et dont chaque nouvelle pousse représente une véritable gêne.

BANNIR L'HERBE AU PIED DES JEUNES PLANTES

Au jardin comme ailleurs, tout est affaire de concurrence. Quand on installe un sujet en terre, on sous-estime trop souvent l'importance de la maintenir propre tout autour. En réalité, aucune herbe, bonne ou mauvaise, ne devrait venir se glisser au pied de la plante. Or, c'est souvent à cet endroit précis qu'un pissenlit géant ou une affreuse touffe de chiendent décident d'élire domicile ! Soyez intraitable si vous ne voulez pas que la croissance de votre arbuste ou jeune arbre en pâtisse.

Installer dès la plantation une épaisse couche de paillis aide à résoudre le problème. Il existe aussi dans le commerce des plaques en fibres biodégradables que l'on fixe à l'aide d'agrafes autour des végétaux à protéger. Ces plaques ont une durée de vie de deux ans environ. Maintenir la terre dégagée au pied des nouvelles plantes est essentiel pour les aider à se développer correctement. Il suffit, pour s'en convaincre, d'observer comment se comportent les arbres installés sur une pelouse et où l'herbe peu à peu est venue entourer le pied.

Au lieu de pousser comme ça le devrait, ça végète et ça peine ! La cause n'est pas à chercher ailleurs que dans la concurrence que se livrent les racines des herbes et celles du petit arbre. Parce qu'au stade juvénile, l'arbre en devenir ne dispose pas de moyens plus importants que les herbes installées à son pied pour absorber l'eau tombée du ciel ou encore celle prodiguée par les arrosages.

Autre effet néfaste de la présence de graminées au pied des arbres, les risques encourus lors des tontes ou du passage encore plus destructeur de la débroussailleuse ! Combien d'arbres ont-ils péri, mortellement blessés par le terrible fil jaune ? Si on garde à l'esprit que l'écorce d'un arbre est un peu comme notre peau à nous, on comprend mieux combien il est essentiel de la préserver intacte. En conclusion, de deux choses l'une : soit on ne plante rien sur l'herbe, soit on ne résiste pas à ce plaisir (car, oui, c'est aussi une question de plaisir !) et on s'efforce d'agir dans le respect des règles de l'art !

Un arrosage raisonné pour des plantes en bonne santé C'est un peu notre réflexe à tous : arroser notre jardin par à-coups, à faible dose, quand on y pense, quand on trouve le temps, ou, pire, lorsque tel arbuste ou tel massif de vivaces paraît franchement mal en point – c'est alors parfois trop tard ! Une fois la terre humide, on passe au massif suivant, et ainsi de suite. En agissant de la sorte, au lieu de leur rendre service, nous fragilisons les plantes et les rendons dépendantes de l'eau. Nous avons déjà vu auparavant que les racines se développaient dans les zones où la terre reste humide. Or, si nous les arrosons superficiellement, nous empêchons précisément celles-ci de s'enraciner dans la terre. Cette pratique est donc résolument contre-productive. Outre son caractère peu économique, elle fait en effet courir le risque qu'en cas de pénurie d'eau en période de sécheresse, les plantes se mettent à agoniser, n'ayant aucun moyen de lutter. On ne le répètera jamais assez : le seul arrosage utile est l'arrosage abondant et espacé dans le temps. En donnant à la plante une grande quantité d'eau, on s'assure que cette eau maintiendra humide la partie profonde du sol.

Les racines de la plante se dirigeront tout naturellement à la verticale, ce qui facilitera sa capacité de résistance en cas de coup dur. Cette méthode, à l'heure où les restrictions d'eau sont de plus en plus fréquentes, permet également de lutter contre l'évaporation. Acquérir ces bons gestes d'arrosage devient essentiel pour économiser son temps tout en veillant à la bonne santé du jardin.

L'arrosage automatique est longtemps apparu comme la solution miracle. On règle un programmateur, et une batterie de tuyaux distribue l'eau de manière régulière au pied des plantes. Dans le cas d'une aspersion par le haut, le miracle a vite fait de se transformer en cauchemar. Outre que le phénomène d'évaporation est amplifié, seule une petite quantité d'eau va parvenir à mouiller le sol, cette eau restera en surface, et cette humidité superficielle, liée à la chaleur, favorisera le développement des maladies et autres champignons. Si les conditions imposent le recours à ce type d'arrosage (rien en réalité ne remplace la distribution d'eau manuelle dans les deux premières années de vie d'un jardin...), il vaut mieux s'inspirer de ce qui précède en programmant un arrosage long au pied de chaque plante, sans oublier de veiller à suffisamment espacer les intervalles entre deux distributions d'eau.

À titre indicatif, la quantité d'eau à apporter à un arbuste est de 20 à 50 litres environ tous les 15 jours. Pour une vivace nouvellement plantée, compter entre 10 et 20 litres. Pour s'assurer que la grande quantité d'eau dispensée ne sera pas gaspillée, on forme une cuvette autour de la plante. La taille à donner à cette cuvette est fonction du type de plante. Quand il s'agit d'un arbuste, elle peut atteindre 50 à 60 cm de diamètre. Il est nécessaire de reformer cette cuvette régulièrement, après de fortes pluies ou en fin d'hiver. En suivant ces quelques conseils simples, les nouvelles plantes d'un massif auront toutes les chances de se développer avantageusement. Plutôt que de les rendre dépendantes d'arrosages répétés, on leur aura permis de renforcer leur aptitude à supporter la double combinaison chaleur et sécheresse prolongées. Une fois adultes, elles seront à même, sauf conditions extrêmes, de se passer d'eau même les mois sans pluie.

L'eau de pluie : cadeau du ciel !

Signe des temps : les anciens ouvrages consacrés au jardin ne mentionnent que très rarement l'intérêt de récupérer l'eau tombée du ciel. Désormais, il est admis que cette eau de pluie est une richesse que l'on ne peut gâcher. Et puisqu'elle coule le plus souvent en abondance à des moments où l'on n'en a pas besoin, mieux vaut s'organiser pour la collecter en vue des jours de pénurie. D'autant que cette eau, dépourvue de calcaire, est la meilleure pour l'arrosage. Et qu'elle ne coûte rien ! Collectée grâce à des récupérateurs installés au pied des gouttières ou enterrés, elle sera ensuite utilisée à l'aide de simples arrosoirs ou d'un système de tuyaux plus élaboré. Il est recommandé d'installer un filtre en grillage à petite maille au départ de la gouttière pour éviter que le récupérateur ne se remplisse de feuilles. On trouve des modèles de récupérateur de 300 à 1000 litres. Si la cuve est enterrée, cela peut aller jusqu'à 5000 litres, il suffira par la suite de l'équiper d'une pompe.

L'installation d'un récupérateur raccordé directement à la gouttière est facile et peu onéreuse. Dans un jardin de petite taille, on pourra se contenter de chiner d'anciennes bassines en zinc pour les disposer en différents endroits du jardin. On sera surpris de voir comment quelques bonnes averses suffisent bien souvent à les remplir. Il est ensuite aisé d'utiliser cette eau pour arroser un arbuste nouvellement planté ou quelques jeunes semis de persil situés à proximité.

Sec ou pas sec ?

Quand on débute au jardin, il n'est pas toujours facile de deviner quand les plantes ont soif. Ce qui est certain, c'est que toutes les plantes installées depuis moins de deux ans ont davantage besoin de surveillance que les autres. Il faut laisser aux racines des vivaces et arbustes encore jeunes le temps de s'enfoncer profondément dans le sol pour pouvoir ensuite résister correctement aux épisodes de sécheresse.

Souvent, les amateurs inexpérimentés ont l'impression qu'il suffit d'une bonne averse pour que la terre soit arrosée et toutes les plantes comblées. C'est souvent loin d'être le cas. Pour s'assurer qu'il a plu assez, on peut naturellement installer un pluviomètre. Personnellement, j'ai toujours considéré que le meilleur moyen de connaître les besoins en eau de mon terrain était d'y enfoncer le doigt ! Une terre sèche en surface n'a rien de problématique, mais si le sol ne présente aucune trace d'humidité à 1 ou 2 cm de profondeur, il faudra se montrer vigilant et ne pas hésiter à intervenir.

L'occasion ici de préciser que la sécheresse se définit par l'absence de pluie significative pendant un mois. Un bon orage est toujours le bienvenu en cas de sécheresse prolongée. Mais une pluie forte qui s'abat sur un sol sec et nu aura tendance à ruisseler. Alors que sur un sol correctement paillé, l'eau va humidifier le sol comme il faut et de manière durable.

Retenir l'eau dans la terre. Paillez si m'en croyez !

L'idée de jardin sec renvoie immédiatement aux paysages peuplés d'oliviers et de chênes lièges, à des terres caillouteuses et brûlantes. Le problème de l'eau, dans ces contrées, se pose depuis si longtemps que bien des solutions ont été imaginées pour y remédier.

La nouveauté, compte tenu des bouleversements climatiques en cours, vient du fait que de plus en plus de jardiniers, installés dans des régions où la question de l'eau n'était pas un problème, doivent à leur tour aujourd'hui trouver des solutions pour anticiper les effets désastreux de longues périodes de sécheresse. Et tous les jardiniers confrontés à ce problème n'auront pas forcément l'envie ni les moyens techniques de rendre leur terre suffisamment drainante pour y accueillir le type de plantes évoqué dans les pages précédentes.

Or, une terre qui se dessèche en été, mais où l'eau stagne en hiver (le propre des terres argileuses) ne conviendra ni aux plantes soiffardes ni aux espèces méditerranéennes (capables de résister au sec mais dont les racines sont allergiques à l'humidité hivernale).

Alors, que faire ? La solution passe par l'enrichissement du sol en matières organiques et par le paillage

Occuper le sol à tout prix

Le jardinier amateur découvre vite cette vérité : laisser la terre nue est une bévue. Il suffit d'observer la nature pour s'apercevoir qu'aucune surface, même minime, ne reste longtemps inoccupée. Un tour en forêt ou dans n'importe quel terrain livré à lui-même permet de faire le constat suivant : les feuilles et les petites branches tombées des arbres occupent le sous-bois, s'y décomposent pour former un humus fertile ❶ tandis qu'ailleurs, des herbes de toutes sortes investissent tous les espaces libres, que ce soit au soleil ou à l'ombre. Conclusion : le concept de terre nue n'existant pas à l'état naturel, le mot d'ordre sera donc l'occupation du terrain par tous les moyens possibles.

À quoi sert le paillage ?

On connaît aujourd'hui l'importance du paillage au jardin. Il s'agit de cette couche de matière organique que l'on répartit dans les massifs pour empêcher les mauvaises herbes de coloniser l'espace tout en empêchant les eaux de pluie ou d'arrosage de s'évaporer trop rapidement ❷. Ce paillis forme une couche d'une dizaine de centimètres d'épaisseur. Quand on plante à l'automne, ce qui est préférable dans les régions chaudes pour un bon enracinement avant l'hiver, on ferait mieux d'attendre le début du printemps suivant pour pailler. En effet, posé durant les mois où l'atmosphère est à l'humidité, le paillis risque d'avoir un effet néfaste sur les jeunes plantes, toujours sensibles à la pourriture au niveau du collet. Inutile donc de leur faire courir ce risque.

1

2

Avant d'attendre le réchauffement de la terre pour pouvoir poser le paillis (miscanthus broyé, écorces, paille de lin, paille de blé...), quelques coups de binette ❶ empêcheront l'installation des mauvaises herbes, frein au bon développement des plantes nouvelles. Selon les régions concernées et les années, la date du paillage s'appréciera différemment. Si l'on agit un peu trop tôt, ce sera de toute manière moins grave que si l'on intervient trop tard. Sur un sol sec, non seulement un paillage est inutile, mais il risque en outre d'avoir un effet inverse de celui recherché en bloquant la sécheresse au niveau des racines.

Résumé : on plante à l'automne, on maintient la terre propre durant les mois d'hiver, puis on paille au début du printemps. À noter : au potager, de nombreux légumes ont un système racinaire peu développé, pour lesquels le paillis est un impératif.

Un paillis, oui, mais lequel ?

Il existe différentes manières de pailler. Tout d'abord, on pense bien évidemment à la paille. Au potager, cette paille de blé ou d'avoine est bien utile, mais au jardin d'ornement, il vaut mieux la passer au broyeur ou bien sous la tondeuse pour la réduire et la rendre plus facile à épandre. Dans la mesure du possible, naturellement, on s'arrange pour se procurer un stock de paille n'ayant subi aucun traitement pesticide !

L'herbe tondue peut également être récupérée et mise sur la terre nue ❷, au pied des plantes ou des arbustes, après un rapide sarclage. Mais on ne doit jamais dépasser une couche de 3-4 cm maximum, sans quoi ces restes de tontes fermenteraient et brûleraient les végétaux. Autre précaution : laisser sécher l'herbe tondue environ 24 h avant de la récupérer.

1

Les feuilles mortes font évidemment un paillis idéal, en apportant en outre les nutriments dont toute terre a besoin. Petites feuilles et feuilles molles peuvent être utilisées telles quelles. Pour les grandes feuilles coriaces (érables ou certains chênes), il vaut mieux les réduire avec la tondeuse. Elles seront plus faciles à utiliser.

Depuis quelque temps, sous le terme BRF (bois raméal fragmenté), on peut se procurer un excellent paillis de jeunes branches d'élagage réduites en fragments sous l'action du broyeur. Profitons de l'occasion pour signaler que l'achat d'un broyeur de végétaux peut s'avérer un investissement plus qu'avantageux pour les propriétaires de grands jardins ayant des tailles régulières à effectuer (haies, arbustes et divers).

En passant au broyeur les végétaux qui ne peuvent pas trouver leur place sur le tas de compost, on est ainsi certain de pouvoir disposer d'un paillage de qualité, aussi esthétique qu'efficace, et gratuit. Dans ces conditions, il s'agira d'une dépense vite amortie.

Les paillettes de lin ou de chanvre offrent un paillage de qualité (1), à la fois léger et capable de rester en place assez longtemps. Produit en France, ce qui est un atout non négligeable, il n'en reste pas moins d'un coût élevé. Pour les grandes surfaces, on lui préférera donc la paille de céréales évoquée plus haut.

Les coques de fèves de cacao offrent l'avantage de former assez rapidement un humus de qualité, mais leur provenance lointaine doit nous faire renoncer à leur utilisation, bilan carbone oblige ! Si l'occasion se présente de se procurer du paillis de miscanthus ❷, il ne faut surtout pas hésiter. Léger et esthétique, il se pose autour des vivaces et des arbustes par couches de 6-8 cm qu'il suffit de compléter quand nécessaire. On peut aussi le fabriquer maison, en fin d'hiver, au moment où l'on coupe les graminées sèches avant le redémarrage printanier. Là encore, un broyeur s'impose !

Longtemps, les écorces de résineux étaient les seuls paillages proposés dans les enseignes de jardinage ❸. Outre qu'elles ne se décomposent pas, ces écorces ont pour autre inconvénient d'acidifier la terre. On sait maintenant que les conifères contiennent une forme d'hydrocarbures (terpènes) qui agit en quelque sorte comme un désherbant. Pas étonnant que certains sols sur lesquels ont été accumulées plusieurs couches de ces écorces finissent par ressembler à un désert aride.

2

3
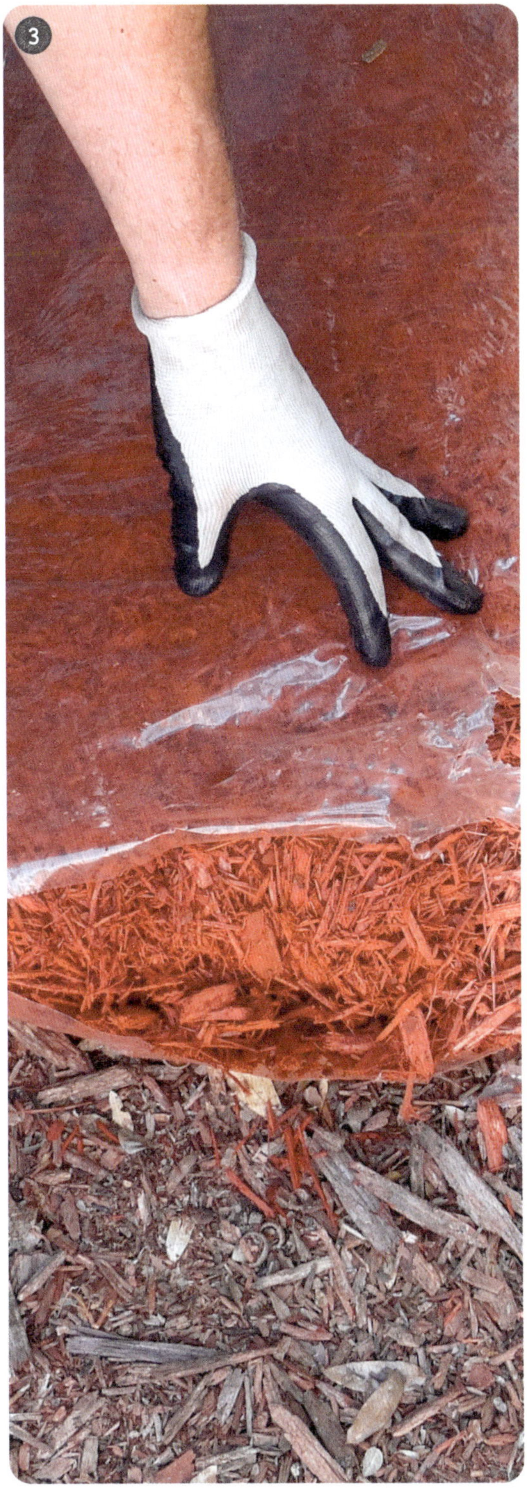

Les paillis minéraux (pouzzolane ❶, petite ardoise, gravier ...) sont bien efficaces à disperser tout autour des plantes allergiques à l'humidité hivernale. Disposés en couche de 3 à 5 cm, ils protègent efficacement leur collet de la pourriture. La pouzzolane, roche volcanique provenant de carrières d'Auvergne, a un pouvoir drainant reconnu. On l'intègre à des terres lourdes pour les alléger. Elle s'avère également précieuse pour la réalisation de toits végétalisés.

Amendement maison : le compost c'est de l'or !

On ne jardine plus aujourd'hui sans fabriquer, dans la mesure du possible, son compost maison ❷. Il n'existe pas de meilleur moyen pour recycler ses déchets tout en fabricant un amendement précieux pour enrichir la terre. Fabriquer du compost est à la portée de tout le monde. Il s'agit de récupérer les déchets végétaux du jardin ainsi que certains autres en provenance de la cuisine.

Du jardin : la tonte (après séchage, et pas en gros tas), les tailles diverses, les fleurs fanées, les feuilles, du fumier éventuellement, les tiges diverses... De la cuisine : ni graisse ni matière d'origine animale (sauf coquilles d'œufs), mais les épluchures et les fanes de toutes sortes de fruits et légumes, le marc du café et même le papier, à condition qu'il soit sans encre.

Dans un coin ombragé du jardin, on accumule ces déchets en un tas qui ne devrait théoriquement pas excéder 1 mètre sur 1 mètre. Idem pour la hauteur. Il est impératif que la base de ce monticule soit en contact direct avec la terre pour permettre aux petites bêtes de tous types de participer au festin de décomposition ! Ensuite, on alterne matières sèches et matières humides et si, par moments, l'ensemble paraît trop sec, on arrose. Il faut en fait parvenir au pourrissement des matières végétales par oxydation. Afin que l'ensemble se décompose correctement, on veillera à ce que l'air circule bien au sein du dépôt. Il vaut mieux faire plusieurs tas pas trop volumineux qu'un seul amas où les matières pourraient s'étouffer.

Du reste, on conseille de retourner l'ensemble environ tous les deux mois pour une meilleure aération et pour favoriser la décomposition.

2

Après six mois environ, on obtient un compost mûr, à point, idéal pour nourrir les fleurs ou les légumes. En incorporant ce compost (couches de 5 cm) par griffage des surfaces plantées, on favorise également la rétention d'eau au niveau du sol. Une fois cet engrais naturel répandu, on le recouvre de paillis. Ce geste s'effectue de préférence au printemps. Sur les sols à tendance sablonneuse, il permet de conserver les nutriments au niveau des racines.

Comment modifier la structure d'un sol ?

Force est de constater qu'il est rare de rencontrer des jardiniers pleinement satisfaits de la qualité de leur sol. Une terre idéale doit être friable, riche en matières organiques, correctement drainée mais en même temps capable de retenir les matières nutritives. Une telle terre existe certainement, mais dans la plupart des cas, cette description ne correspond pas à la réalité. Celui qui dispose d'une terre argileuse se plaint qu'elle soit si difficile à travailler en été, et tellement collante en hiver. Cette forte humidité peut asphyxier les racines en période froide, puis retarder le développement de la végétation au printemps. Et quand il fait chaud, cette même terre est difficile à humidifier car l'eau ruisselle en surface, sans vraiment pénétrer. À force, on en oublierait presque qu'une terre argileuse est riche en nutriments de toutes sortes et qu'il suffit de lui apporter du sable et des matières organiques en quantité (compost et paillis...) pour la rendre – avec le temps ! – plus souple et aussi plus agréable.

À l'inverse, si sa terre est caillouteuse, excessivement sableuse, le jardinier désespérera d'y cultiver un large éventail de légumes ou de fleurs, faute de disposer d'un sol capable de retenir correctement l'eau et les nutriments indispensables.

Dans ce cas, la solution passera également par l'apport de matières organiques. Récupérer du fumier bien décomposé, de la tourbe brune, des matières diverses type déchets verts, fabriquer son compost et incorporer le tout, petit à petit, à la surface de ces terrains pauvres : autant de gestes qui permettront d'améliorer progressive le terrain.

Pour favoriser la rétention d'eau dans leur sol, certains jardiniers ont encore recours à la bentonite, une argile en poudre fine vendue en sacs, qui s'incorpore à la terre soit au printemps soit en début d'automne ❶. Elle permet également de faire baisser le pH des sols calcaires. Pour une bonne efficacité, il faut compter un rapport d'environ 5 kilos de bentonite par 10 mètres carrés. Son usage est donc plutôt réservé à des zones bien définies du jardin, massifs de fleurs ou potager.

1

Du bon usage des couvre-sol

Les surfaces engazonnées ❷ sont gourmandes en eau. Pour profiter en toute saison d'une herbe bien verte, on s'est longtemps contenté d'installer des asperseurs que l'on déclenchait à heures régulières sans se soucier de gaspillage. Et quoi de plus normal puisqu'à l'époque, l'eau ne manquait pas. Les temps ayant changé, il est devenu plus que nécessaire de reconsidérer le problème. L'une des solutions proposées passe par l'espacement des tontes sur une partie du terrain.

2

En laissant l'herbe pousser librement pour ne la faucher qu'en fin d'été, on se libère de la corvée de la tondeuse tout en attirant la petite faune utile des insectes pollinisateurs. Afin de circuler agréablement au milieu de cette petite jachère en forme de prairie offerte aux papillons, on se contentera de tondre une allée sinueuse où l'on n'aura pas peur, en période chaude, que l'herbe sèche un peu.

Une autre solution consiste à remplacer les parties engazonnées par des plantes couvre-sol. Trop peu utilisées jusqu'à présent, elles rendent de précieux services au jardinier. Il s'agit souvent de plantes vivaces que l'on installe en masse, qui s'étendent facilement et ne nécessitent que très peu de soins, eu égard à ceux requis pour l'entretien d'une pelouse bien verte.

Les couvre-sol ❶ constituent de véritables paillis vivants qui maintiennent la fraîcheur dans le sol et protègent de l'érosion due au vent ou bien aux fortes pluies. Côté arrosage, il faut savoir qu'une pelouse requiert environ trois fois plus d'eau que le même espace planté de couvre-sol. Enfin, l'univers des couvre-sol est passionnant, varié, changeant. De beaux feuillages, des floraisons attractives, des plantes mellifères (en ces temps de sérieuse menace sur la survie des abeilles, c'est important) : voilà quelques raisons de changer nos habitudes.

1

2

Qu'on se rassure : pas de grande révolution (la pelouse, dans des zones de passage régulier, reste irremplaçable...), mais plutôt l'opportunité de repenser intelligemment notre vision de l'espace jardiné ❷.

Afin que les couvre-sol puissent remplir leur mission dans des conditions optimales, il est déterminant, là encore, de bien connaître son terrain. Nature du sol (acide, neutre ou calcaire), structure (sableux ou argileux), exposition, pluviométrie, sont autant de facteurs dont il faudra tenir compte au moment de choisir les bonnes espèces.

Rappelons-nous que pour se faciliter le travail dans un jardin, en s'épargnant des corvées inutiles, il est crucial de choisir des plantes adaptées et non pas de modifier le terrain en fonction d'une espèce que l'on voudrait coûte que coûte y accueillir.

Il existe un si grand choix de plantes merveilleuses qu'il semble bien difficile de ne pas pouvoir trouver son bonheur, en dépit des contraintes de sol ou d'exposition.

La situation la plus problématique est sans doute l'ombre sèche, car bien souvent il s'agit de garnir un espace situé sous des arbres. En effet, trouver des plantes capables de lutter efficacement contre la concurrence des racines n'est pas chose aisée. Mais là encore, en prenant le temps de la réflexion pour élire les espèces les plus vigoureuses, et en aidant les nouvelles venues dans un premier temps (surfaçage avec terreau et fumier décomposé, installation éventuelle d'un tuyau goutte-à-goutte provisoire pour aider les plantes à s'établir), il sera possible d'obtenir un résultat satisfaisant.

Comme souvent en matière de jardinage, prendre conseil auprès de professionnels (pépiniéristes spécialisés, paysagistes, etc.) permettra de gagner du temps et d'éviter certaines erreurs. Comme celle qui conduirait à ouvrir son jardin, par inexpérience, à des couvre-sol envahissants. C'est le cas notamment de certaines ronces décoratives (*Rubus rolfei* 'Emerald carpet'), des petits bambous utilisés pour remplacer la pelouse (*Pleioblastus humilis*), de la pervenche ou encore de la redoutable herbe aux goutteux (*Aegopodium podagraria* 'Variegatum' 3), ce bulldozer à feuilles de céleri, devenu le véritable cauchemar de nombreux jardiniers. En fonction du milieu, il arrive également que des plantes relativement sages ailleurs, se révèlent tout à coup d'une vigueur inédite dans un environnement donné comme le lamier (*Lamium*). Mais qu'on se rassure, dans la majorité des cas, les couvre-sol remplissent leur mission avec éclat, et pour beaucoup d'amateurs qui manquent de temps pour l'entretien de leur jardin, ils sont la solution idéale !

3

Dix couvre-sol pour l'ombre sèche

L'ombre sèche sous les arbres, au pied d'un mur ou encore à l'aplomb d'un toit, impose de choisir des espèces capables de se passer d'eau durant de longues périodes. À la plantation, il faudra toutefois veiller à apporter une bonne couche de terreau, à arroser abondamment, puis à pailler avec soin. Si l'on doute de pouvoir maintenir la terre humide le temps que les jeunes plants s'enracinent, on aura tout intérêt à installer un tuyau goutte-à-goutte que l'on maintiendra en place la première année.

1 ***Buglossoides purpureocærulea. Fabaceae.***
Hauteur : 30 cm. Soleil. Mi-ombre et ombre.

Les longs rameaux de ce couvre-sol qui ne craint pas la concurrence des racines des arbres sont couverts d'un élégant feuillage vert grisâtre et rugueux au toucher. La floraison rouge vire au bleu et s'étend du mois d'avril au mois de juin.

2 ***Duchesnea indica. Rosaceae.***
Hauteur : 10 cm. Soleil. Mi-ombre et ombre.

Appelé faux fraisier, ce couvre-sol est parfait pour coloniser les surfaces importantes. Le feuillage vert sombre s'éclaire de petites fleurs jaunes vers le mois de mai, puis viennent les fruits, une multitude de curieuses petites fraises non comestibles qui se dressent vers le ciel et subsistent longtemps.

3 ***Euphorbia amygdaloides var. robbiae. Euphorbiaceae.***
Hauteur : 60 cm. Mi-ombre et ombre.

Contrairement à la plupart des euphorbes, celle-ci se plaît à l'ombre. Elle porte des feuilles persistantes vert foncé brillant et des inflorescences vert jaunâtre entre avril et juin. Parfois un peu lente à s'établir, elle se développe ensuite rapidement et peut devenir envahissante. Ses puissants rhizomes en font un couvre-sol capable de s'adapter à des situations ingrates.

1

3

2

4

4 *Hedera helix. Lierre.*

Mi-ombre et ombre.

Le lierre n'a pas très bonne réputation, et c'est dommage. On lui reproche de faire mourir les arbres et d'abîmer la façade des maisons. Accusations pour le moins excessives. En couvre-sol, sous les arbres, il forme un tapis généreux d'une robustesse à toute épreuve. À la plantation, il suffit de maintenir les tiges au sol avec des clous cavaliers pour que le lierre s'enracine. Quelques apports de corne broyée de temps en temps suffiront à le maintenir en forme.

Pour ceux qui trouveraient notre bon vieux lierre trop ordinaire, sachez qu'il en existe une infinie variété, avec des feuillages vraiment originaux, panachés de blanc ou de jaune, ou simplement unis. De quoi sérieusement changer d'avis ! Et si l'on ne veut pas que le lierre grimpe aux arbres, et bien, il suffit d'arracher les quelques pousses qui s'accrochent au tronc. Pas bien compliqué !

6

5 *Lamium. Lamiaceae.*

Hauteur : 25 cm. Mi-ombre et ombre.

Les lamiers s'étendent rapidement du fait de la double action des rhizomes et des stolons. Ils forment des couvre-sol précieux grâce à la panachure de leur feuillage. Les fleurs apparaissent vers le mois d'avril et durent jusqu'au début de l'été. Il s'agit d'une vivace vigoureuse à ne pas planter auprès d'espèces plus délicates, qu'elle finirait par étouffer, ni dans des zones trop étroites d'où elle pourrait s'échapper. Certaines terres lui plaisent tant que les lamiers peuvent devenir envahissants.

5

6 *Liriope. Liliaceae.*

Hauteur : 5 à 50 cm. Mi-ombre et ombre.

Les liriopes résistent bien à la sécheresse grâce à leurs racines charnues. Le feuillage est linéaire, semi-persistant ou persistant. La plante forme une touffe dense qui porte des épis bleu mauve en deuxième partie d'été. C'est une plante fiable, qui s'installe pour longtemps, et que l'on peut planter en masse dans une zone ombragée du jardin. Elle sera également tout à fait indiquée pour accompagner d'autres couvre-sol équivalents. Il existe une variété blanche, la *Liriope muscari* 'Monroe white', très élégante, et au développement plus raisonnable.

7

8

7 ***Pachysandra terminalis. Buxaceae.***
Hauteur : 25 cm. Soleil. Mi-ombre.

Trop peu utilisé, hélas, ce couvre-sol possède un feuillage original, brillant, coriace et légèrement dentelé. Il est en outre persistant, ce qui le rend intéressant en toute saison. Il dispose de tiges souterraines qui lui permettent de coloniser rapidement les surfaces ombragées, et même ces espaces sous les arbres réputés, à juste titre, difficiles. Des fleurs blanches apparaissent en mai-juin, mais l'intérêt de cette vivace réside vraiment dans son feuillage. *Pachysandra terminalis* 'Variegata' possède de jolies feuilles vertes marginées de blanc. Le comportement de ce cultivar reste plus sage que l'espèce.

8 ***Rhodotypos scandens.***
Hauteur : 1,50 m. Soleil. Mi-ombre.

Attention, dur à cuire ! On dirait que rien n'empêche ce couvre-sol de se sortir des situations les plus difficiles. Sols pauvres, sécheresse, compétition racinaire, soleil cuisant ou ombre dense... Un joli feuillage dentelé, un port arqué et une floraison blanche, tout en finesse, en fin de printemps, font de ce couvre-sol (pas si près du sol !) un précieux allié au jardin.

9 ***Vinca. Apocynaceae.***
Hauteur : 15 à 30 cm. Soleil. Mi-ombre.

Bien connue de tous, la pervenche est utile pour retenir la terre des talus et habiller les endroits à l'ombre. On distingue *Vinca major* et *Vinca minor*, mais la grande comme la petite pervenche s'étendent de la même manière, en allongeant des tiges rampantes qui forment peu à peu un tapis dense et impénétrable. Le feuillage est persistant et les fleurs simples et délicates de ce joli bleu si populaire. Il existe également des formes à fleurs blanches (*Alba*) ou pourprées (*Atropurpurea*). À noter, une bonne résistance aux terres calcaires.

10 ***Waldsteinia ternata. Rosaceae.***
Hauteur : 15 cm. Mi-ombre et ombre.

Vivace vigoureuse originaire de Sibérie, qui s'étend grâce à la double action de rhizomes et de stolons. Le feuillage semi-persistant, trilobé, d'un vert intense, sert d'écrin au printemps à de nombreuses petites grappes de fleurs jaune vif qui rappellent celles des fraisiers. C'est un couvre-sol très ras qui, utilisé sous les arbres, peut remplacer avantageusement le gazon.

9

10

Dix couvre-sol pour le plein soleil

1 ***Ceanothus thyrsiflorus var. repens.* Céanothe rampant.**
Hauteur : 90 cm.

Originaires de Californie, les céanothes sont des arbustes élégants, adeptes des sols bien drainés, à tendance sableuse. Cette forme rampante produit de jolies panicules de fleurs bleu pâle au printemps. Le feuillage persistant est brillant. Il peut être utilisé pour habiller des talus ou recouvrir des murets. Les sujets bien établis offrent une excellente résistance à la sécheresse. À l'inverse, un sol qui reste humide trop longtemps finit toujours par leur être fatal en faisant pourrir leurs racines.

2 ***Centranthus ruber. Valerianaceae.***
Hauteur : 70 cm.

La valériane est facile à cultiver. Elle est bien adaptée aux sols ordinaires secs. Les touffes s'élargissent avec le temps et la plante se ressème abondamment. La floraison généreuse a lieu dès le mois de mai et se prolonge jusqu'en septembre. Les fleurs parfumées apparaissent sous forme de grappes roses ou blanches. Le terrain doit être bien drainé, sans quoi la valériane disparaît. En couvre-sol, on l'utilise de préférence pour garnir des talus ou habiller un terrain en pente.

3 ***Cerastium tomentosum.***
Hauteur : 20 cm.

1

2

3

Les céraistes n'ont pas leur pareil pour former de grandes touffes sur les talus secs. Le feuillage duveteux et persistant est d'un gris presque blanc, ce qui rend la plante attractive pratiquement toute l'année. Les fleurs blanches en étoiles apparaissent en début d'été et se renouvellent jusqu'au mois de septembre. C'est une plante qui s'étend rapidement. Après la floraison, un petit coup de cisaille (ou de débroussailleuse) redonne aux céraistes une apparence propre et nette. Si on l'entoure d'autres vivaces, on choisira des espèces de même taille et surtout de même vigueur, afin qu'elles ne se fassent pas étouffer.

4 ***Cotoneaster dammeri.***
Hauteur : 40 cm. Étalement 1,60 m.

Il existe de nombreuses formes de cotonéasters, certains érigés, d'autres prostrés, d'autres comme celui-ci, à port étalé. De croissance rapide, le *dammeri* est souvent utilisé pour habiller les talus. Il n'est malheureusement pas toujours mis en valeur dans les végétalisations urbaines, souvent planté dans des espaces exigus où l'on est contraint ensuite de le tailler à l'emporte-pièce. C'est dommage car quand on le laisse pousser normalement, il forme un tapis serré pas inintéressant. Des petites fleurs blanches apparaissent en début d'été (prisées par les abeilles...), suivies en automne d'une myriade de petits fruits rouges qui redonnent de l'intérêt à la plante. Son feuillage est persistant. Leur exigence : une terre drainée. Une fois établis, ils se montrent d'une résistance hors pair.

5 ***Diervilla lonicera.***
Hauteur : 90 cm. Étalement : 2,50 m.

Attention : bulldozer ! Ce cousin du chèvrefeuille, originaire du Midwest et du nord-est des États-Unis, pousse dans les terrains drainés, non calcaires. Non seulement il supporte la sécheresse, mais surtout il l'adore !

D'une vigueur phénoménale, il se développe rapidement grâce à de puissants rhizomes. Feuillage oval et fleurs jaune soufre. Utile en certaines circonstances, ce couvre-sol doit cependant être choisi avec prudence. Des tailles régulières et des barrières anti-rhizomes l'empêcheront de drageonner dans les endroits où sa présence n'est pas désirée.

6 ***Geranium spp.* Géraniums vivaces.**
Hauteur : 30-40 cm.

Petit rappel toujours utile : les plantes communément appelées géraniums et utilisées sur les balcons sont en réalité des pélargoniums. La famille des géraniums vivaces est extrêmement vaste. Il s'agit de plantes robustes pouvant former avec le temps d'imposants coussins plats. Ils fleurissent en bleu, blanc ou rose et beaucoup d'entre eux s'utilisent en couvre-sol ou pour garnir les espaces nus entre les arbustes.

On conseille généralement avec raison de retailler les touffes après la première floraison pour stimuler la repousse et profiter d'une seconde vague de fleurs. Parmi les géraniums capables de résister à la sécheresse, citons les *Geranium cinereum*, *Geranium macrorrhizum* (forte odeur camphrée du feuillage), *Geranium* 'Philippe Vapelle' (très beau bleu doux des fleurs) ou encore les *Geranium sanguineum*.

4

5

6

7

7 ***Pleioblastus spp.* Bambou.**
Hauteur : 20 cm à 1 m.

Prononcez le mot bambou, et vous verrez la plupart des amateurs de jardin pousser des cris effrayés. Il est vrai qu'on peut avoir de très mauvaises surprises en plantant certains bambous n'importe où. Des espèces traçantes, installées sans précautions dans des jardins urbains ou des endroits inappropriés, peuvent s'avérer redoutables et très difficiles par la suite à déloger.

Tous les bambous ne se comportent heureusement pas de la même manière. Certains restent en touffe et ne s'étendent que lentement. Ils sont dits « cespiteux ». Le fargesia est de ceux-là. Comme couvre-sol, ce sont naturellement les bambous traçants qui seront privilégiés. Et quelques précautions d'usage suffiront pour que tout se passe bien. Une pelouse tondue régulièrement ou une allée de ciment empêchent bien souvent le bambou de sortir de ses limites. Plus radicale, une barrière anti-rhizomes enterrée tout autour de la zone concernée permettra au cher intrépide de rester sage. Car il serait dommage de se priver de cette présence qui donne immédiatement à un jardin ou à un parc une touche exotique et gracieuse. Parmi les bambous nains qui excellent à former un couvre-sol efficace, il faut citer *Pleioblastus pygmaeus* (15-25 cm), *P. humilis*, ou encore *P. variegatus* (1 m) au feuillage vert foncé, rayé de blanc. Les variétés de petite taille peuvent, dans certains cas, constituer une alternative intéressante au gazon.

8 ***Sedum spp. Crassulaceae.***
Hauteur : 3 à 30 cm.

Les sédums sont des plantes tout à fait adaptées aux terrains drainés, caillouteux, et qui ne sont jamais plus belles que la tête au soleil et les pieds au sec. Il en existe des formes très variées : comme le minuscule sédum acre (poivre de muraille), qui ne dépasse pas 5 cm de hauteur mais s'étend à vitesse grand V, même dans du sable. Ou de bien plus imposantes, comme le fameux 'Matrona' (60 cm) prisé pour ses larges touffes couleur rouge cuivré, et qui s'éclaire en été de belles inflorescences vieux rose. Entre ces deux extrêmes, la palette est large et le choix pourra sembler difficile. Il existe beaucoup d'orpins (autre nom utilisé) au remarquable feuillage bleuté (cf. *Sedum pachyclados*, 10 cm), et d'autres aux feuilles panachées vertes, blancs et roses (*Sedum spurium* 'Variegatum', 10 cm). Tous les sédums ont en commun de partager ces feuilles crassulescentes qui les font résister aux températures les plus élevées.

8

9 ***Symphoricarpos x chenaultii 'Hancock'. Symphorine.***
Hauteur : 80 cm.

Cette symphorine n'est certes pas adaptée aux petits jardins où elle aurait tôt fait de devenir envahissante. Mais sur de grands espaces, pour habiller des pentes, ou garnir des talus improbables, c'est un hybride de choix. La végétation part un peu dans tous les sens et finit par former des coussins retombants où les feuilles vert foncé se disputent en fin d'été avec de nombreuses petites fleurs blanc rosé. Ensuite, une profusion de baies roses transforme l'ensemble magnifiquement jusqu'au début de l'hiver. Il faudra bien arroser les jeunes plants jusqu'à ce qu'ils s'installent. Par la suite, ils vivront leur vie, même au sec.

9

10 ***Thymus spp. Thym. Lamiaceae.***
Hauteur : 15 à 30 cm.

Qu'ils soient arbustifs ou tapissants, les thyms se plaisent en sol drainé. Plantation au soleil de rigueur. Leur feuillage persistant, aromatique, est un bonheur quand on le froisse. Il peut être grisâtre, vert foncé ou carrément jaune d'or. Les différentes sortes de thyms permettent de composer de grandes scènes colorées dont la floraison est un moment rare. Ils peuvent former de jolis coussins le long d'une allée ou servir de substitut au gazon dans les lieux où le passage est peu fréquent (mieux vaut alors ne pas trop les piétiner).

Autre atout : les abeilles en raffolent ! Parmi les espèces couvre-sol très efficaces, on peut citer *Thymus herba-barona* (sous-arbrisseau de 8 cm de haut, bien dense, aux fleurs rose pourpré) et *T. citriodorus* 'Aureus' (une variété bien couvrante, aux minuscules feuilles rondes, mouchetées de jaune, avec des fleurs lavande au printemps).

Les bons gestes pour...

Réduire les effets desséchants du vent

Les jardiniers le savent bien : quand le vent se met à souffler, la terre se dessèche encore plus rapidement. On a bien en tête les paysages du Sud avec ces haies de cyprès se dressant vers le ciel pour protéger les vergers des effets néfastes du mistral ou du vent d'autan ❶. Mais dans les régions non méridionales, le vent contribue également bien souvent à l'évaporation de l'air comme des sols. Il suffit d'observer ce qui se passe le long des lisières ou près des taillis : l'atmosphère en été y est nettement plus fraîche et agréable. C'est qu'ailleurs, le vent accentue l'effet de cuisson sur les plantes vivaces et sur les arbustes qui sont bien souvent contraints d'abandonner la totalité ou une partie de leur feuillage pour entrer en résistance ❷.

On l'aura compris : planter des haies là où il n'existe aucune barrière naturelle contre le vent permet de transformer sensiblement l'écosystème d'un jardin. Ces travaux requièrent réflexion et patience. Il faut bien entendu oublier les haies plantées d'une même espèce, type conifères, qui ne feraient que créer une barrière opaque contre laquelle le vent irait rebondir sans perdre de sa vigueur. Et d'ailleurs ces haies sont tristes, disons-le tout net ! Et quand un sujet attrape une maladie, c'est tout l'ensemble qui dépérit, comme toujours dans les cas de plantations en mono-espèce. Mélanger les essences, choisir des arbres et des arbustes d'aspect varié produisant des feuillages différents, des silhouettes complémentaires, telle est la clé de la réussite ❸.

❶

❷

3

Une bonne haie est constituée d'une première ligne d'arbres de hauts jets que l'on double ensuite d'une combinaison libre d'arbustes (1/3 de feuillages persistants pour 2/3 de caducs), quitte à planter un autre front d'arbustes plus bas en complément de ceux de plus grande taille. C'est un travail de longue haleine à entreprendre de préférence au tout début de l'automne.

Selon la longueur envisagée, il faudra peut-être faire appel à une entreprise spécialisée qui sera chargée de préparer le terrain. Ôter la pelouse 1 s'il y en avait une, décompacter le sol, puis l'ameublir sur la surface à planter... Si on installe deux ou trois rangs de végétaux de hauteurs différentes, il faudra compter pas moins de 3 mètres en largeur. Pour une seule rangée d'arbres, la moitié pourra suffire. Précisons qu'il n'est pas nécessaire de choisir des végétaux de grande taille lors de la plantation. Quelques bonnes raisons à cela : leur coût est élevé, ils sont gourmands en eau si l'on veut garantir leur reprise les deux premières années, et ils nécessitent en outre un tuteurage soigné pour les aider à résister au vent 2.

1

2

Autre argument : contrairement à ce que l'on pourrait penser, on ne gagne pas beaucoup de temps à privilégier des arbres adultes lors de la plantation. Les jeunes sujets démarrent rapidement, leurs racines se développent à grande allure dans un sol bien préparé, et puis, question arrosage, le volume d'eau dont ils ont besoin est bien plus restreint que celui qu'exigeront des plants volumineux.

Ne soyez pas effrayés devant les tout jeunes arbres et arbustes que vous irez choisir en pépinière : leurs 50-60 cm seront vite oubliés s'ils reçoivent les soins requis lors de la plantation et après. Un trou de plantation qui permet aux racines de respirer est indispensable (terre ameublie sur 20 cm de chaque côté des racines). On peut incorporer compost et corne broyée pour un bon amendement ❸. Si le sol est poreux et ne retient pas l'eau, pensez à la bentonite !

Autre précaution essentielle : ne jamais trop enterrer le plant. Il doit être repiqué au même niveau qu'en pépinière, ni plus, ni moins. Lorsqu'il est planté, on tasse légèrement avec la main. Ensuite, il ne faut pas oublier d'arroser copieusement. Même si la plantation a lieu un jour de pluie, l'arrosage est nécessaire pour permettre à la terre d'adhérer aux racines et supprimer les éventuelles poches d'air qui pourraient s'être formées. Il faut ensuite pailler généreusement pour empêcher les mauvaises herbes de s'installer.

Rappelons une fois encore que tout ce qui viendrait concurrencer les jeunes plants ralentirait leur croissance. Ça n'a l'air de rien, mais c'est important. Pour pailler, si l'on ne dispose pas d'un bon matelas de feuilles, la paille ou du BRF conviennent bien. Quand la haie mesure plusieurs dizaines de mètres de longueur, on aura tout intérêt à installer un système d'arrosage en goutte-à-goutte pour les deux premières années ❶.

En veillant naturellement (autre rappel !) à favoriser des arrosages espacés mais conséquents, l'eau descendra plus profondément, puis remontera par capillarité. Ces haies mélangées sont un bon moyen de réduire les effets néfastes du vent. Les différents niveaux de végétaux, les formes et les volumes variés, sont autant d'obstacles contre lesquels il viendra buter et perdre de sa vigueur. Autre atout non négligeable : en termes de biodiversité, du hérisson jusqu'aux oiseaux de toutes tailles, chacun y trouvera son compte !

Planter dans du rocher

Une évidence s'impose assez vite à la conscience de l'amateur jardinier : il y a le jardin rêvé et le jardin réel. Le jardin rêvé, c'est celui des magazines aux photos sublimes : terre meuble et noire dans laquelle on plante ce que l'on veut, à la profondeur désirée et sans le début du moindre effort. L'autre jardin, c'est celui dans lequel nos rêves, justement, se confrontent à la réalité ❷.

Un sol contre lequel la bêche bute en permanence sur des cailloux, cela peut rapidement décourager les meilleures intentions. Pour autant, doit-on renoncer à avoir un beau jardin en zone rocheuse ? Évidemment, non. Alors, que faire ? À cœur vaillant, rien d'impossible ! dit-on. Courage et patience, donc.

Ensuite, plusieurs règles sont à respecter. Parmi elles, le choix des bonnes plantes va s'avérer encore plus crucial qu'ailleurs. Des espèces robustes, habituées à se contenter de peu, adaptées à un terrain sec seront sélectionnées au détriment de toutes les petites merveilles horticoles nécessitant terre profonde, engrais et biberons réguliers. Quelques arbustes ayant fait leur preuve : *Buddleja berberis* ❸, *Spiraea abelia cotinus* ❹, *Indigofera* ❺, genévrier... Quelques vivaces parmi d'autres : *Achillea phlomis, Helichrysum*, lavande, ciste, romarin, iris, valériane, sauge ❻... Autre impératif : concernant la plantation des arbres et des arbustes, la clé du succès (même si l'on sait bien qu'en la matière, le succès n'est jamais garanti...) passera par le choix de sujets aussi jeunes que possible et à racines nues de préférence.

Dans ce type de terrain, s'adapter est la règle. Puisqu'on ne peut pas planter où l'on veut, il faut accepter la contrainte et trouver les endroits où la roche est plus friable et où il sera possible de creuser une poche ❼. De quoi installer le jeune plant, avec autant de bon terreau maison que possible, puis une couche de paillis conséquente par-dessus. On comprend bien la nécessité de porter son choix sur des plantes jeunes, avec un système racinaire toujours prompt à s'infiltrer dans la moindre faille du rocher. Arbustes et arbres trop grands seraient impossibles à installer dans des poches de terrain si réduites.

Et il est vain de penser planter un tuteur dans de telles conditions, puisque la moindre attaque de vent, un peu soutenue, le ferait plier. La meilleure époque pour effectuer ces plantations reste l'automne. Au printemps, il suffit que les premières journées chaudes arrivent rapidement pour que la reprise soit plus délicate. Après la plantation, il est impératif d'apporter de l'eau, par un arrosage lent et abondant, de manière à bien humidifier les couches souterraines.

Cette eau remontera ensuite par capillarité. Ensuite, on paille et l'on maintient ce paillis en place par des ajouts réguliers. Notons à ce propos l'utilité de bien récupérer les résidus de coupe dans un tel environnement en s'appliquant à broyer avec soin tout ce qui peut l'être, avant d'épandre cette couche protectrice, ou mulch, au pied des haies. Cette habitude que l'on aura prise assurera la croissance optimale des végétaux.

Planter à l'emplacement d'une pelouse

C'est à la mode des jardins à la française ❶ que l'on doit l'engouement pour la pelouse. Ensuite, la révolution industrielle l'a ancrée dans les mentalités. Point de demeure digne de ce nom sans vert gazon !

En 1868, en Amérique, le premier brevet de tondeuse est déposé. Ah, la tondeuse ! Il suffit de prononcer le mot pour entendre se lamenter les propriétaires de résidences secondaires dont l'épisode « tonte » s'apparente bien souvent à une punition. Même s'il existe aujourd'hui de gentils robots capables d'accomplir cette tâche à la place des amateurs récalcitrants (et encore, pas partout !), la prise de conscience que l'eau est devenue un bien précieux à ne pas gaspiller, encourage de plus en plus de jardiniers à remplacer le gazon par autre chose (cf couvre-sol). Mais concrètement, comment fait-on pour se débarrasser de l'herbe ? Une fois que la décision est prise, comment passe-t-on d'une surface engazonnée à une zone bientôt plantée ?

Le recours à la chimie étant naturellement proscrit, la solution passe par la technique des « lasagnes ». Venue des États-Unis, la méthode consiste à étouffer l'herbe avec des journaux ou du carton, puis à recouvrir cette couche de 15 cm de compost, ou d'un mélange de terre et de

1

2

3

compost ❷. Sur cette couche, on ajoute ensuite 10 cm de paillis organique ❸. Dans l'idéal, cette préparation doit commencer environ un an avant la plantation proprement dite. Il convient dans un premier temps (fin d'été ou début de printemps) de tondre l'herbe de la surface à traiter aussi ras que possible. Ensuite on dispose le journal ou les morceaux de carton. Pas moins de 15 feuilles de journal empilées, et s'il s'agit du carton, un ou deux morceaux selon l'épaisseur. Tout l'espace doit ensuite être recouvert de compost pur (bien décomposé) ou du mélange terre et compost. On peut aussi y ajouter un peu de fumier mûr. Ne jamais oublier de terminer par la couche de paillis organique. Bien attendre l'automne ou le début de printemps suivant pour effectuer les plantations. Cette technique présente de nombreux avantages : elle permet d'éviter le bêchage de toute la surface engazonnée tout en offrant aux nouvelles plantations une terre meuble et enrichie dans laquelle l'enracinement sera facilité. Il suffira par la suite de bien surveiller la zone ainsi transformée, en éliminant les quelques indésirables qui tenteraient de s'y réinstaller, le temps que les jeunes plants se soient suffisamment développés pour occuper le terrain.

Six graminées pour remplacer le gazon

Les graminées apportent mouvement et légèreté au jardin. Bien choisies, elles peuvent constituer une excellente alternative au gazon. Il ne s'agit pas d'utiliser celles décrites ici, dans les zones de piétinement, mais de définir les endroits d'une pelouse où l'on ne passe que très peu pour les accueillir, créant ainsi de nouveaux territoires, plus libres et nécessitant un entretien réduit. Chacune mérite une attention spéciale !

1 ***Hakonechloa. Poaceae.***
Soleil et mi-ombre.

Cette herbe japonaise, très décorative, forme après deux ou trois ans d'imposantes touffes de feuilles lisses d'environ 30-40 cm de hauteur pour environ 50 cm de largeur. Le feuillage est caduc, pour autant cette graminée ne manque nullement d'attrait en hiver, prenant alors une teinte cuivrée intéressante. L'espèce type est d'un élégant vert uniforme (*Hakonechloa macra*). Sinon, il existe une variété panachée jaune et vert (*H. macra* 'Aureola'), une panachée blanc et vert (*H. macra* 'Albovariegata') et une autre, enfin, à feuillage entièrement doré (*H. macra* 'All Gold'). Toutes supportent bien la sécheresse et poussent bien en terrain calcaire.

1

2 ***Imperata cylindrica* 'Red Baron'. Poaceae.**
Soleil et mi-ombre.

Effet lumineux garanti avec cette très belle herbe asiatique (40 cm) au feuillage dressé, d'abord vert tendre, pour devenir rouge vif dès le début de l'été. La touffe drageonne, sans toutefois devenir envahissante. Elle se développe plus rapidement en terrain léger qu'en sol argileux. On peut l'utiliser en bordure d'allée ou pour constituer de grandes étendues colorées. C'est aussi une très bonne graminée pour les jardins contemporains auxquels elle communique graphisme et caractère.

2

3

3 ***Melica ciliata*. Poaceae.**
Soleil et mi-ombre.

Si votre sol est caillouteux et sec, cette jolie graminée remplacera avantageusement les parties engazonnées que vous aurez eu la bonne idée de supprimer. Évidemment, du fait de sa hauteur (60 cm), cette belle herbe fine, au feuillage rugueux gris vert, ne sera de préférence pas plantée dans les lieux de passage. Mais ailleurs, ses épis en goupillons presque blancs apporteront beaucoup de grâce et de légèreté. Avant l'hiver, un petit élagage lui redonnera une apparence soignée. Tout à fait indiquée pour les sols calcaires.

4 ***Pennisetum alopecuroides. Poaceae.***
Soleil.

Cette graminée nécessite une terre bien drainée pour donner le meilleur d'elle-même. C'est une espèce robuste et fiable qui se distingue par des touffes serrées (80-100 cm) de feuilles étroites produisant des panicules plumeuses en forme d'écouvillons. Il existe de nombreux cultivars, certains avec des colorations automnales attrayantes (*P. alopecuroides* 'Hameln'). L'effet est spectaculaire en plantation en masse avec la lumière rasante du matin et du soir. En hiver, les terres humides les rendent plus sensibles au gel. Bonne adaptation aux embruns marins.

4

5

5 ***Sesleria. Poaceae.***
Soleil et mi-ombre.

Sesleria autumnalis est une jolie méconnue, formant des touffes hérissées (40 cm) de fines feuilles vert clair, persistantes, portant en été des épis cylindriques beiges, puis noirâtres. Cette plante supporte bien le calcaire et s'étend progressivement. *Sesleria sadleriana*, au feuillage bleuté, est très bien adaptée aux situations sèches. Les sols calcaires ne lui font pas peur.

6 ***Zoysia tenuifolia*. Gazon des Mascareignes. Poaceae.**

Hauteur : 5 cm. Soleil.

Remarquable pour une alternative au gazon, ce couvre-sol traçant, qui se multiplie par stolons, aura vite fait de coloniser l'espace qu'on lui aura dédié. Le feuillage fin et doux au toucher, jaunit en hiver mais redevient vert au printemps. Puisqu'il ne craint pas le piétinement, supporte les embruns et conserve parfaitement sa couleur verte en été, on l'utilise pour constituer des pelouses dans de nombreuses régions difficiles. Tout à fait adaptée aux embruns marins, cette vivace l'est également aux terres calcaires.

LE NOM DES PLANTES. COMMENT S'Y RETROUVER ?

C'est au naturaliste suédois Carl von Linné (1707-1778) que l'on doit la classification des animaux et des plantes par nom de genres et d'espèces en latin (système binominal). On peut se demander pourquoi l'usage du latin perdure encore alors qu'il serait si simple de dire pivoine, plutôt que *Paeonia*, et marguerite à la place de *Leucanthemum* ! Sauf que le monde des plantes est vaste, plus vaste que celui des pays, et pour en parler, les jardiniers des quatre coins du monde avaient besoin d'une langue commune. Il existe donc un latin botanique, qui intègre des noms d'origines diverses (et parfois fantaisistes...) pour désigner telle ou telle plante.

Un nom botanique commence par un nom de genre suivi d'un deuxième nom correspondant à l'espèce. Le nom de genre regroupe les plantes affines qui présentent des caractéristiques communes. Le nom d'espèce, appelé « épithète spécifique », est souvent un adjectif descriptif. Par exemple *Aquilegia viridiflora* désigne l'ancolie à fleurs vertes (*viridis*, vert, et *flos*, *floris*, fleur). Les deux mots s'écrivent en italiques, par convention.

Il est admis également que l'on écrive le premier avec une majuscule, le deuxième, sans. L'univers des plantes étant toujours en mouvement (obtentions nouvelles, croisements, etc.), les entorses au système binominal n'ont cessé de s'accroître depuis Linné.

Les deux mots désignant le genre et l'espèce sont désormais fréquemment suivis d'un troisième, écrit en caractères romains celui-là, avec majuscule et guillemets simples. Ce mot désigne le 'cultivar' (contraction de l'anglais *cultivated variety*). C'est en quelque sorte le nom de baptême donné au résultat d'un croisement, d'une mutation ou issu du simple fruit du hasard. Le cultivar indique quelquefois le nom de l'obtenteur, ou bien une indication liée à la couleur ou toute autre précision parfois franchement farfelue.

Partie III

Le catalogue des plantes

Dix naines à toute épreuve

Ces plantes basses que l'on peut utiliser de différentes manières sont précieuses au jardin, soit pour garnir une rocaille, soit pour occuper l'avant-scène d'un massif ou le bord d'une allée. Pour ne pas passer inaperçues, elles gagneront souvent à être plantées en petits groupes, histoire de mieux profiter de leur floraison.

1

1 ***Armeria maritima. Gazon d'Espagne.***
Hauteur : 15-20 cm. Soleil.

Cette petite vivace se contente de peu. Elle redoute l'humidité mais quand elle se plaît (sol sec et drainé), elle forme des touffes durables, constituées de feuilles étroites et fines qui persistent en hiver. On rencontre souvent la forme rose classique mais des obtentions nouvelles sont apparues ces dernières années, en rose pâle ('Schöne von Fellbach') ou avec un feuillage chocolat ('Vesuv') vraiment spectaculaire. La floraison en forme de pompon démarre en général tôt en avril et se poursuit jusqu'au mois de juin. Le reste du temps, cette petite plante facile forme des coussins verts d'un graphisme charmant. Convient bien aux situations de bord de mer.

2

2 ***Centaurea bella.***
Hauteur : 15-20 cm. Soleil.

Originaire du Caucase, cette centaurée est une vivace facile et gracieuse. Son feuillage gris, joliment découpé, forme un coussin bas qui persiste en hiver. Les fleurs roses, d'une grande finesse se renouvellent sans cesse durant tout le printemps. Cette plante mérite une vraie place en bordure de massifs aussi bien qu'entre les pavés d'une allée où elle parviendra à former avec le temps un couvre-sol fiable, d'une résistance à toute épreuve. Prospère bien en sol calcaire.

3

4

3 ***Dianthus.***
Hauteur : 10-15 cm. Soleil.

Les œillets forment une famille très variée. Parmi les meilleurs pour figurer dans cette section des plantes basses, aptes à être utilisées en rocaille, en bordure d'allée ou sur un muret, on citera *Dianthus arenarius* (œillet des sables), *Dianthus anatolicus* ou encore *Dianthus corsicus*. Le premier forme un beau coussin tapissant gris-vert qui se couvre de fleurs blanches retombantes, particulièrement délicates.

L'œillet d'Anatolie présente les mêmes caractéristiques, si ce n'est que la floraison, apparaissant en mai-juin, se teinte de rose. Enfin, sur l'œillet de Corse, ce sont des fleurs rose vif qui éclosent. Leur parfum est tout à fait envoûtant. Adaptée aux plantations de bord de mer et aux sols calcaires. Feuillage persistant non dénué d'intérêt.

4 ***Erigeron karvinskianus.***
Pâquerette des murailles.
Hauteur : 20-30 cm. Soleil.

Voilà une petite plante dont il est difficile de se passer dans un jardin sans arrosage. Il suffit d'en planter quelques pieds pour la voir prospérer et coloniser lentement mais sûrement les endroits les plus inattendus. Elle se ressème en effet facilement, sans toutefois devenir envahissante comme certaines autres. Les touffes étalées se couvrent de fleurs blanches et roses en forme de pâquerettes de mai à octobre, apportant beaucoup de souplesse et de poésie le long des allées aussi bien qu'en bordure des massifs.

En début de saison, un petit coup de cisaille suffit à faire repartir de nouvelles pousses. Une authentique généreuse, facile à vivre. S'accorde au climat maritime. Supporte également les terrains calcaires.

5 *Gypsophila repens.*
Hauteur : 10 cm. Soleil.

Les gypsophiles supportent volontiers la sécheresse des sols profonds et bien drainés. Nains, ils offrent de précieux services en recouvrant murets, bordures ou dallages d'une multitude de petites fleurs blanches (*G. repens*) ou rose clair (*G. repens* 'Rosea'). La floraison est assurée de mai à juillet. Le feuillage est linéaire, tapissant et semi-persistant. Ces plantes sont empreintes de charme et de légèreté. Fréquemment utilisées également dans la composition des toits végétalisés. Bonne résistance au calcaire.

6 *Helianthemum.*
Hauteur : 10-20 cm. Soleil.

Ce sous-arbrisseau au feuillage persistant apprécie particulièrement les sols caillouteux et secs. Selon les sélections, le feuillage varie entre une couleur grisâtre ('The Bride', à fleurs blanches) et un vert intense ('Cerise Queen', à fleurs rouges). Dans tous les cas, on se réjouira de la floraison abondante qui a lieu entre mai et août. Les fleurs ne durent qu'à peine quelques heures, mais comme elles sont sans cesse remplacées par d'autres, on ne s'en aperçoit pas. Elles évoquent les fleurs en papier, un peu comme celles des cistes, et ce n'est pas surprenant puisqu'elles appartiennent elles aussi à la famille des *Cistaceae*. La variété 'Wisley Primrose', comme son nom l'indique, rappelle le jaune printanier des primevères.

On peut aussi planter des hélianthèmes de chaque côté d'une allée de graviers pour en adoucir les contours. Ils finissent par former d'élégantes touffes que l'on a plaisir à revoir fleurir chaque année. Cette espèce est bien adaptée aux situations de bord de mer et au calcaire.

7 *Origanum lævigatum.*
Hauteur : 20-30 cm. Soleil.

Origine Chypre et Turquie. Ce bel origan contraste avec la variété commune. Les tiges rougeâtres forment une belle harmonie avec le feuillage persistant gris-bleu. L'attrait de ses fleurs pourpres qui se renouvellent tout l'été est grand. C'est aussi une plante très mellifère, ce qui ne gâche rien. Comme sa seule crainte est l'humidité, elle est particulièrement recommandée pour des plantations en terrain sec, ou même dans un jardin de graviers. On peut l'associer avec des graminées souples comme les *Stipa tenuifolia*, pour des scènes naturelles. Ses feuilles peuvent être consommées. L'air marin ne lui fait pas peur.

5

6

7

8 ***Phyla nodiflora.***
Hauteur : 3 cm. Soleil.

Capable de résister à la fois à la sécheresse et au piétinement, cette plante est une excellente alternative au gazon. Plantée à raison de 6 godets par m^2, ce couvre-sol formera rapidement un joli tapis dont les fleurs blanc rosé, très mellifères, s'épanouiront durant toute la période estivale. *Phyla nodiflora* s'étend progressivement, par enracinement des jeunes pousses au contact du sol. Le feuillage vert foncé est normalement caduc. Si l'hiver n'est pas trop rude, il se peut toutefois que les petites feuilles persistent. Rusticité jusqu'à - 12°C environ.

8

9

9 ***Satureja montana.***
Hauteur : 15 cm. Soleil.

Encore une aromatique, oui ! Celle-ci forme de beaux coussins réguliers. Le petit feuillage persistant, uniforme, se couvre entre juin et août d'une multitude de petits épis blancs particulièrement mellifères. Le parfum de la sarriette est intense et agréable et il est toujours plaisant, dans un jardin, de s'arrêter pour respirer celui d'une plante dont on vient de froisser quelques feuilles entre les doigts. Dans l'Antiquité, la sarriette, très appréciée, entrait dans la composition de nombreuses préparations à caractère aphrodisiaque.

10 ***Thymus præcox* 'Coccineus'. Thym serpolet. *Labiaceae.***
Hauteur : 8-10 cm. Soleil.

La famille des thyms est vaste et variée. Sous-arbrisseaux plus ou moins rampants, à feuilles persistantes, aromatiques, ils sont utiles dans les jardins de rocaille ou pour garnir les espaces nus entre des dalles. *Thymus præcox* 'Coccineus' forme rapidement un coussin tapissant au feuillage vert intense. D'une dizaine de centimètres de haut, parfaitement résistant au sec quand il est bien implanté, il se couvre entre juin et août d'une multitude de fleurs rouge carmin à l'effet superbe. Parmi les autres thyms très appréciés, encore plus nain celui-là, signalons le spectaculaire *Thymus præcox* 'Pseudolanuginosus' au feuillage grisâtre, velu et doux, qu'on peut aussi utiliser entre les dallages ou pour couvrir des murets. Il ne craint pas d'être piétiné et sa texture laineuse est une invitation au toucher. On aime aussi sa délicate floraison rose. Également très tapissant (hauteur : 5 cm), *Thymus herba-barona*, se couvre de fleurs pourpres de juin à août. Tous les thyms sont mellifères. Il supporte aisément l'air marin ainsi que les sols calcaires.

10

Dix meilleures vivaces à feuillage gris

Coutumières des jardins secs, les vivaces à feuillage gris se plaisent au soleil, dans une terre bien drainée. La couleur particulière de leurs feuilles est en fait le résultat d'une longue stratégie d'adaptation aux chaleurs extrêmes. Des poils blancs ou argentés protègent en réalité les feuilles des effets desséchants du soleil. Résultat : plus elles vivent au sec, plus la coloration de leur feuillage est intense. Cultivées à contre-emploi (des arrosages réguliers en été), elles deviendraient pour le coup presque vilaines !

1 ***Artemisia ludoviciana* 'Silver Queen'.**
Hauteur : 70 cm. Soleil.

Les armoises sont surtout appréciées au jardin pour l'éclat de leur feuillage gris, surtout au printemps, quand les jeunes pousses sortent de terre. C'est une plante vigoureuse, qui se propage par rhizomes. Certains jardiniers la trouvent trop envahissante, mais elle peut être contenue par quelques coups de bêche si besoin. Les sols secs et bien drainés lui conviennent particulièrement. La variété 'Valérie Finnis', très proche de celle-ci, présente des feuilles encore plus découpées. Parfaite pour des jardins en climat maritime. Bonne résistance au calcaire.

2 ***Ballota pseudodictamnus.***
Hauteur : 50 cm. Soleil.

Cette plante fait merveille dans les jardins secs grâce à la forte présence architecturale qu'elle y exprime, pourvu qu'elle trouve ce qu'elle apprécie le plus : chaleur et sol poreux. Le feuillage persistant est d'un vert doux, tirant franchement sur le gris, grâce à la présence de nombreux poils argentés, caractéristiques des vivaces capables de résister aux périodes de sécheresse extrême. Originaire de Grèce et de Turquie, *Ballota pseudodictamnus* se couvre entre juillet et septembre, d'une foule de fleurs blanc vert, dressées comme des petits cierges.

1

2

3 ***Euphorbia myrsinites*. Euphorbe de Corse.**
Hauteur : 20 cm. Soleil.

Les euphorbes offrent de très nombreuses possibilités d'ordre structurel dans un jardin. Elles sont à la fois très graphiques et pour la plupart faciles à vivre. L'euphorbe de Corse ne déroge pas à la règle. Ses tiges prostrées, tapissantes, sont couvertes de feuilles persistantes en forme d'écailles disposées en spirales. Leur teinte gris bleuté est elle-même très attrayante. Les inflorescences jaune-vert apparaissent en avril-mai. Cette petite euphorbe s'étale lentement mais sûrement, et est tout à fait indiquée pour retomber d'un muret ou dégringoler du sommet d'une butte. Dans les conditions favorables, elle se ressème volontiers.

3

4

4 ***Helichrysum italicum*.**
Hauteur : 60 cm. Soleil.

Voilà une plante qui ne passera pas inaperçue. Sous-arbrisseau buissonnant originaire du Bassin méditerranéen, l'Immortelle d'Italie dégage, par temps chaud, une odeur épicée qui rappelle le curry. Plantée près d'une piscine ou à proximité des lieux de passage, elle se révèlera vite indispensable. Les fleurs jaunes ont une vague ressemblance avec celles de l'achillée. Personnellement, je leur préfère le feuillage, gris et filiforme. Pour maintenir à la plante un aspect dense, on aura tout intérêt à procéder à des tailles régulières. Sol bien drainé et absence d'humidité de rigueur ! Cette espèce est parfaite en zone de bord de mer. Supporte les sols calcaires.

5

6

5 ***Marrubium incanum.***
Hauteur : 60 cm. Soleil.

Sols caillouteux, bien secs, et exposition chaude de rigueur pour cette belle plante à feuillage persistant d'un gris très lumineux. La floraison est blanche, d'un intérêt secondaire, car c'est surtout pour la masse de belles feuilles velues que le marrube est cultivé. Garanti pas soiffard pour un sou. Bonne résistance au calcaire.

6 ***Salvia argentea.***
Hauteur : 70 cm. Soleil.

Belle présence architecturale pour cette sauge aux grandes feuilles gris clair, d'aspect laineux, et disposées en rosettes. Elle se protège de la chaleur et de la sécheresse grâce aux poils blancs qui lui donnent un côté soyeux très attractif. Plus bisannuelle que vivace à proprement parler, on peut allonger sa durée de vie en coupant les fleurs blanches après floraison. Mais puisqu'elle se ressème facilement, une fois introduite au jardin, il est bien rare de la voir disparaître. S'adapte bien aux sols calcaires ainsi qu'à une plantation en bord de mer.

7 ***Santolina chamaecyparissus.***
Hauteur : 40 cm. Soleil.

S'il est une vivace qui déteste être arrosée en été, c'est bien la santoline. Pour profiter pleinement de cette jolie plante grise, bien ramifiée, dont le feuillage persistant exhale un fort parfum de térébenthine, on veillera à l'installer dans un sol caillouteux et drainé à l'extrême. Et plus on l'installera au chaud, plus elle sera contente. Ce petit arbrisseau, dont l'aspect rappelle la lavande, fleurit en juillet-août. Les fleurs, en forme de petits pompons jaunes, seront supprimées après la floraison. On en profitera pour retailler la plante et lui garder l'apparence d'un coussin net. Certains préfèrent même effectuer cette taille avant la floraison. Il est vrai que c'est avant tout son feuillage qui rend la santoline attractive.

Presque indispensable dans les jardins de bord de mer, elle ne craint pas non plus les sols calcaires.

7

8 ***Sedum reflexum.***
Hauteur : 15 cm. Soleil.

Les sédums forment une famille à part. Ce sont des plantes d'une extrême facilité de culture. Ils se contentent d'une terre ordinaire, d'une exposition ensoleillée et supportent bien la sécheresse. Leur apparence, la taille et la couleur des feuilles coriaces varient d'un genre à l'autre. *Sedum reflexum* possède un feuillage gris bleuté persistant du plus bel effet.

On l'utilise au sein des rocailles, pour habiller les talus ou meubler l'espace entre les dalles d'une allée. Il croît rapidement et peut donc s'employer également pour former des couvre-sol. Tous les sédums se bouturent facilement. Ils sont bien adaptés au climat maritime. Prospèrent bien en terrain calcaire.

8

9 ***Senecio cineraria.***
Hauteur : 70 cm. Soleil.

Originaire de l'ouest du Bassin méditerranéen, le cinéraire maritime offre, comme on peut s'en douter, une excellente résistance aux embruns marins.

Sa facilité de culture l'a rendu populaire dans de nombreuses régions. Pour peu qu'il soit planté dans un sol drainé (l'humidité stagnante lui est fatale), il forme assez rapidement un sous-arbrisseau bien ramifié dont les feuilles persistantes, très découpées, d'un beau gris virant au blanc, lui confèrent une forte présence.

10 ***Stachys byzantina.***
Hauteur : 50 cm. Soleil.

Originaire du Caucase jusqu'à l'Iran, l'épiaire laineuse (baptisée également « oreille d'ours » ou « de lapin ») est une plante robuste qui se développe rapidement et forme un couvre-sol efficace. Ses feuilles persistantes ont un aspect velouté, grâce aux poils qui les recouvrent. Les fleurs discrètes, portées par des tiges épaisses, sont d'un bleu violacé. En réalité, c'est avant tout pour le feuillage que l'épiaire est réputée. Pour maintenir à la plante un aspect soigné, on aura d'ailleurs tout intérêt à couper les tiges défleuries. Convient aux jardins de bord de mer ainsi qu'aux terres calcaires.

Treize arbustes durs à cuire

Les arbustes sont essentiels dans un jardin. Ils font la transition entre les fleurs, les arbres et le paysage environnant. À feuillage caduc ou persistant, ils diffèrent également par leur apparence, certains adoptant des formes libres, aériennes, d'autres au contraire apportant structure et graphisme au jardin. Il est important de bien les sélectionner quand on désire faire la part belle aux espèces les plus aptes à supporter de longues périodes sans eau. Là encore, les feuillages gris sont une bonne indication de résistance. Mais ce ne sont pas les seuls, fort heureusement.

1 ***Arbutus unedo*. Arbousier. *Ericacea***

Hauteur : 5 m et plus. Soleil. Rusticité : - 15°C

Familier des paysages du Sud européen, l'arbousier est un arbuste à feuillage coriace, persistant et un peu terne. Sa croissance lente encourage à planter des sujets déjà bien démarrés. C'est en automne qu'il révèle sa pleine beauté, quand se mêlent les fleurs blanches et les fruits, issus de la floraison de l'année précédente. Ces fruits rouges ressemblent un peu à des fraises, mais leur saveur est loin d'être aussi réjouissante. Même s'il pousse naturellement dans les sols acides, *Arbutus unedo* supporte les terrains calcaires à la condition express qu'ils soient parfaitement drainés.

Arbutus andrachne est pour sa part une plante calcicole à l'état sauvage. Parfaitement résistant à la sécheresse, c'est un arbre réputé pour sa belle écorce lisse, d'un rouge tirant sur l'orange. Plus remarquable encore est l'écorce de l'*Arbutus x thuretiana*. Lisse et d'un beau rouge brillant, elle se craquelle au printemps pour laisser apparaître la nouvelle écorce, d'un sublime vert pistache, qui rougira à son tour avec le temps.

2 ***Ceanothus* 'Concha'.**

Hauteur : 3 m. Soleil, ombre légère. Rusticité : - 10°C.

Les céanothes sont originaires de Californie. Ce cultivar est l'un des plus beaux. Le feuillage persistant est d'un beau vert luisant. Les rameaux s'organisent de manière harmonieuse sur l'arbuste qui se couvre, en avril, d'une multitude de fleurs bleu foncé à l'aspect lumineux. Le spectacle est vraiment saisissant sur les sujets adultes. La pousse est rapide en terre caillouteuse et correctement drainée. Ces arbustes sont en réalité plus sensibles aux épisodes de gel intense qu'à la sécheresse qu'ils supportent bien. À Londres, il existe de magnifiques spécimen de *C.* 'Concha'. Ils sont palissés sur les murs, au-devant des maisons, et cette situation abritée semble leur convenir à merveille. Si la taille est nécessaire, il vaut mieux la pratiquer de manière douce et régulière, après la floraison, plutôt que trop brutalement, ce que les céanothes n'apprécient guère.

3 ***Cercis siliquastrum*. Arbre de Judée.**

Hauteur : 6-7 m. Soleil. Rusticité : - 10°C.

Ce petit arbre, au moment de la floraison, ne ressemble à aucun autre. Celle-ci a lieu dès le mois de février, couvrant toutes les branches de grappes serrées de fleurs rose vif. C'est vraiment un spectacle étonnant. Ensuite seulement apparaissent les feuilles en forme de cœur qui adopteront une belle coloration dorée à l'automne. L'Arbre de Judée pousse dans la nature (Sud-Est de l'Europe, Asie Mineure) dans des paysages rudes et caillouteux. On peut donc lui mener la vie dure sans aucun problème, même s'il résiste bien à des traitements moins spartiates. Il s'adapte en effet également à des terres lourdes, argileuses, et à des climats relativement froids et humides. Prédilection pour les sols calcaires.

1

2

3

4 ***Cistus.* Cistes.**
Soleil. Rusticité : - 10°C.

Les cistes sont dits pyrophytes, c'est-à-dire qu'ils sont capables de pousser rapidement et même de se régénérer après des feux de garrigue. Souvent d'ailleurs, dans les paysages ayant brûlé à la suite d'un incendie, ce sont eux que l'on voit apparaître en premier, couvrant les espaces dénudés de leur formes prostrées et persistantes. Les fleurs sont d'une délicatesse et d'une fraîcheur incomparables. Belles d'un jour, elles sont comme des créations de papier qui éclosent au matin pour se défaire le soir, mais leurs innombrables boutons assurent la relève sans problème. Au jardin, les cistes seront d'autant plus beaux, mis à rude épreuve, dans un sol pauvre et caillouteux, et sans arrosage. Toute terre trop riche leur donne une apparence miteuse. Chaque année, une taille légère, pratiquée en fin de floraison, leur conférera un aspect impeccable. Il existe aujourd'hui une infinité de formes et de coloris.

5 ***Choisya ternata.* Oranger du Mexique.**
Hauteur : 2 m. Soleil. Rusticité : - 15°C.

Les arbustes persistants sont précieux dans un jardin, mais parfois leur feuillage est un peu terne. Ce n'est franchement pas le cas de celui de l'oranger du Mexique qui est d'un vert brillant réjouissant. Un sol caillouteux et aucun arrosage en été sont les conditions nécessaires à sa bonne santé. Devenu assez populaire, on le trouve désormais dans des environnements variés, et certaines conditions de culture lui sont défavorables. Le duo chaleur et humidité peuvent en effet entraîner son dépérissement rapide. Ses fleurs blanches apparaissent au printemps et dégagent un parfum très agréable. Elles se renouvellent à la fin de l'été. Apparu sur le marché ces dernières années, *Choisya* 'Aztec Pearl', a des fleurs plus grandes que le type, et tout aussi parfumées. Planté au soleil, non loin d'une habitation ou près des lieux de passage, il embaumera fidèlement pour le plaisir de tous. À protéger des vents froids en hiver.

4

5

6

6 ***Cotinus coggygria*. Arbre à perruques.**
Hauteur : 2 à 3 m. Soleil. Mi-ombre. Rusticité : - 12°C.

À l'état naturel, on le trouve au sud de l'Europe et en Asie. Il pousse en milieu rocailleux, au soleil, et apprécie donc plutôt les terres drainées, même si une terre argileuse ne lui fait pas peur. Après la floraison, il se couvre de curieuses inflorescences vaporeuses qui lui valent son nom. *Cotinus coggygria* 'Royal Purple' présente un feuillage remarquable, translucide, grenat au printemps, rouge foncé en été et virant à l'orange à l'automne. Réduire quelques-unes de ses plus hautes branches en fin d'hiver permet de profiter de jeunes pousses très colorées. C'est un bel arbuste, solide et fiable.

7 ***Elaeagnus angustifolia*. Olivier de Bohême.**
Hauteur : 5 m. Soleil. Ombre légère. Rusticité : - 25°C.

Avec ses feuilles grises, joliment argentées et semblables à celles de l'olivier, ce bel arbuste caduc trouvera sa place en isolé ou en haie dans n'importe quel jardin. Son véritable atout est son parfum, autour du mois de mai, quand éclosent ses petites fleurs, extrêmement mellifères. Assez insignifiantes, elles exhalent pourtant une puissante odeur de miel qui embaume loin alentour. Les épines très pointues qui apparaissent sur ses branches, permettent de l'utiliser en haies défensives, avec des rosiers sauvages par exemple. *Elaeagnus x ebbingei*, à feuillage persistant, n'a pas sa grâce, mais peut former rapidement des écrans opaques pour isoler un jardin ou même s'intégrer dans un groupe d'arbustes variés. Encore plus discrètes, ses fleurs embaument entre septembre et novembre, période où les parfums au jardin se font rares.

7

8

8 ***Myrtus communis.* Myrte. *Myrtaceae.***
Hauteur : 2 m et plus. Soleil. Mi-ombre. Rusticité : -15°C

Originaire des régions méditerranéennes jusqu'en Afghanistan, le myrte est un sous-arbrisseau au feuillage sombre et persistant qui dégage une odeur aromatique caractéristique. Sur des buissons très ramifiés apparaissent en été d'élégantes fleurs blanches, aux étamines proéminentes, qui sont suivies par de nombreuses baies sombres. C'est une plante indissociable des paysages méditerranéens, symbole de paix chez les Hébreux et d'amour chez les Grecs... Suivant leur origine, toutes ne sont pas adaptées au calcaire. Auprès des pépiniéristes spécialisés dans les plantes du Sud, on pourra cependant se procurer les cultivars suivants qui le sont : *Myrtus communis* 'Alhambra', *Myrtus communis* 'Flore Pleno', *Myrtus communis* 'La Clape'.

9 ***Nerium.* Laurier-rose.**
Hauteur : 3 m. Soleil. Mi-ombre. Rusticité : - 6°C à - 10°C selon variétés.

Imagine-t-on un jardin sec, d'inspiration méditerranéenne, sans la présence du laurier-rose ? Extrêmement populaire, il supporte si bien les situations extrêmes, qu'on en oublierait presque qu'il pousse à l'état naturel dans le lit des rivières. Ses fleurs existent en simple ou double, parfumées ou non, et leurs coloris passent du blanc au rose, rouge, saumon, et même jaune. Ses racines profondes lui permettent de puiser l'eau loin dans le sol. Il est du reste plus résistant aux maladies lorsqu'il peut échapper aux arrosages par aspersion qui le fragilisent. En cas de sécheresse prolongée, il se protège en perdant quelques feuilles, mais cette attitude de défense n'affecte en rien la bonne santé de la plante. Rappelons enfin que toutes les parties de la plante sont toxiques. On le confond parfois avec le laurier sauce, et les conséquences de cette confusion peuvent être tragiques. Les cultivars sont très nombreux. Ne pas hésiter à s'adresser à un pépiniériste spécialisé.

9

10 ***Perovskia abrotanoides.***
Hauteur : 1 m. Soleil. Rusticité : - 15°C.

L'un des mérites de ce sous-arbrisseau est de fleurir au milieu de l'été, à une époque où la végétation est souvent déjà au repos. Formant des grappes légères, d'un bleu joyeux, les fleurs durent trois bons mois et surmontent un feuillage grisâtre et découpé. Pas de terrain lourd, ni d'humidité stagnante. Des sols drainés les maintiennent en vie durablement. Pour favoriser l'apparition de nouvelles pousses, et éviter que la plante ne prenne une apparence dégingandée, on conseille généralement de tailler les *perovskias* en fin d'hiver. Plantés en masse, ils apportent beaucoup de lumière au jardin, et la proximité de fleurs blanches s'harmonise aussi bien avec les fleurs qu'avec le feuillage. Exposition ensoleillée de rigueur.

10

11 ***Phillyrea angustifolia.***
Hauteur : 3 m. Soleil, ombre légère. Rusticité : - 15°C.

Natif du Bassin méditerranéen, ce bel arbuste à feuillage persistant n'a pas d'exigence particulière quant à la nature du sol. Aussi à l'aise en terre argileuse qu'en sol caillouteux, les filaires sont souvent utilisées pour former des haies libres, ou au contraire des silhouettes sculptées, taillées en grands coussins, un peu à la manière des buis. Leur grande résistance aux embruns favorise en outre leur emploi dans des jardins de bord de mer. *Phillyrea angustifolia* supporte également d'être planté à l'ombre et sous des arbres, ce qui le rend précieux dans bien des cas. Ses fleurs, insignifiantes, sont suivies de nombreuses baies décoratives, véritable régal des oiseaux.

On l'aura compris, les filaires se prêtent à des utilisations nombreuses et variées. C'est un arbuste parfait pour créer l'ossature d'un site ou servir de faire-valoir à des ensembles colorés.

11

12

12 ***Punica granatum*. Grenadier.**
Hauteur : 4 m et plus. Soleil. Rusticité : - 15°C.

Grenade : fruit mythique par excellence ! Avec ses graines charnues, serrées les unes contre les autres, elle symbolisait la naissance et la vie aux yeux des Grecs. On peut dire qu'aujourd'hui elle connaît un regain d'intérêt. Découvert à Carthage par les Romains, le grenadier est arrivé en Espagne avec les Maures. C'est un petit arbre dense, aux branches souvent enchevêtrées, intéressant dès le printemps, lorsque ses jeunes pousses lumineuses étincellent dans la lumière, jusqu'au moment où les fruits se fendent, en fin d'automne. Les fleurs, d'un rouge orangé éclatant, sont composées de pétales cireux tout à fait étonnants. En climat méditerranéen, il semble difficile de se passer de sa présence.

13 ***Yucca rostrata. Agavacaea.***
Hauteur : 5 m. Soleil. Rusticité : - 15°C

Originaire du Texas et du nord du Mexique, le *Yucca rostrata* supporte les chaleurs extrêmes grâce à la disposition en couronne des feuilles linéaires, qui diminue l'évaporation tout en augmentant la surface de photosynthèse. Comme si cette particularité ne suffisait pas à rendre cette plante attractive, une panicule surgit de cette sphère au milieu du printemps, se ramifiant pour donner naissance à de nombreuses fleurs cireuses en forme de cloches et de couleur blanche. *Yucca elata, Yucca gloriosa* et *Yucca torreyi* sont tous également dignes d'intérêt. Les stratégies de résistance au sec sont identiques, la couleur des fleurs également, et on ne saurait trop recommander la prudence lors des manipulations, l'extrémité des feuilles étant armée d'un redoutable poinçon. Éviter par conséquent de planter cette merveille auprès des lieux de passage.

13

Onze meilleures graminées

Les graminées sont le mouvement invité dans le jardin. Elles instillent grâce et légèreté, ou au contraire structurent l'espace avec force. D'une fidélité à toute épreuve, elles s'intègrent aussi bien dans les créations contemporaines que dans les jardins plus romantiques. Il faut voir la lumière les traverser, un soir d'été, pour aussitôt se sentir séduit. Autre atout : la plupart continuent d'être belles en hiver, magnifiées par les matins de givre !

1 ***Anemanthele lessoniana. Poacea.***

Hauteur : 70 cm. Soleil. Mi-ombre.

Cette graminée produit un effet encore plus saisissant lorsqu'elle est plantée en masse. La teinte verte rayée d'orangé du feuillage persistant s'illumine au moindre mouvement de lumière.

On peut l'utiliser pour créer de grandes étendues mouvantes, précieuses au sein de jardins contemporains. La forme retombante permet aussi de l'installer sur un petit muret qu'elle coiffera de manière très décorative. Plumets duveteux entre août et septembre. Il existe aussi l'*Anemanthele lessoniana* 'Sirocco', au coloris cuivré plus soutenu. Bonne tolérance aux sols calcaires.

1

2 ***Deschampsia cespitosa.* Canche. *Poacea.***

Hauteur : 120 cm. Soleil. Mi-ombre.

Une graminée tout en légèreté, aux feuilles étroites et persistantes, produisant une foule d'inflorescences légères, vaporeuses, et créant un effet de brouillard doré très décoratif. Elle apprécie les sols poreux, drainés et secs. On gagnera à la planter en groupe pour augmenter la jolie impression de brume qui s'en dégage. Lorsque la *Deschampsia* est installée face au couchant, cet effet sera encore magnifié. Il existe différents cultivars (*D. cespitosa* 'Goldgehänge' ou *D. cespitosa* 'Goldschleier'), déclinaisons autrement plus dorées du type.

2

3 *Festuca.* Fétuque. *Poaceae.*
Hauteur : 15 cm à 100 cm. Soleil.

Les fétuques forment un genre étendu, d'apparence et de hauteur variables. Les épis sont insignifiants, et c'est du reste pour leur feuillage que ces plantes sont appréciées. Celui-ci est fin, persistant, allant du vert au bleu. Récemment, ont été mises sur le marché des variétés mettant en valeur les colorations bleu intense (*F.* 'Blaufuchs', *F.* 'Elijah Blue'...). Pour conserver à ces plantes une apparence de boule hérissée, il est important de les installer au soleil, dans un sol caillouteux et sec. C'est d'ailleurs pour leur graphisme que ces graminées sont appréciées. L'humidité prolongée a vite fait de les rendre peu attractives. Convient aux situations de bord de mer.

3

4 *Helictotrichon sempervirens.* Avoine vivace. *Poacea.*
Hauteur : 60 cm. Soleil.

On remarque de loin le feuillage très graphique de cette graminée qui se distingue des autres par un coloris bleuté tout à fait original. Le spectacle des épis blonds apparaissant au-dessus des feuilles pointues, surmontant la plante tout l'été, est d'une grande beauté. Cette belle avoine est à installer en terre caillouteuse, bien drainée. Elle ne craint pas le manque d'eau. Comme son nom l'indique, les tiges du cultivar *H. sempervivens* 'Pendula' sont arquées. Quant à *H. sempervivens* 'Saphirprudel', il offre une coloration encore plus bleue que le type (et ce n'est pas peu dire...). Feuillage persistant.

4

5 ***Hordeum jubatum*. Orge à crinière.**
***Poaceae*.**
Hauteur : 80 cm. Soleil.

En juin et juillet, la touffe lâche de l'*Hordeum jubatum* est surmontée de grands épis munis de barbes brillantes, d'abord roses, puis beiges. Au jardin ou dans des compositions florales, l'effet décoratif est impressionnant ! Un sol ordinaire convient à cette graminée qui ne sera jamais aussi belle que si celui-ci est parfaitement drainé. Le soleil est de rigueur.

5

6 ***Pennisetum incomptum*.**
Hauteur : 120 cm. Soleil.

Cette graminée forme de grosses touffes d'épis gracieux, cylindriques, très allongés et argentés. Les feuilles sont fines, d'un vert luisant. Allergique aux terres humides où elle risque de geler en hiver, elle est d'une bonne rusticité en sol drainé. On lui reproche parfois sa légère tendance à se montrer envahissante.

6

7 ***Schizachyrium scoparium* 'Prairie Blues'.**
Hauteur : 90 cm. Soleil.

Pas encore assez connue, cette graminée ne manque pourtant pas d'atouts. Le feuillage fin, d'un beau gris, se colore de rouge quand arrive l'automne. La touffe reste étroite, en forme de colonne, ce qui permet de l'intégrer facilement dans un ensemble, même entre des vivaces beaucoup plus basses. Au cours de l'été, apparaissent au sommet de chaque tige des épis plumeux. Adepte des sols secs et caillouteux, elle fait partie des plantes qui s'installent au jardin pour longtemps.

7

8

8 ***Sporobolus heterolepis*. Sporobole. *Poaceae*.**
Hauteur : 60 cm. Soleil.

Tout en légèreté. Le feuillage est d'une grande finesse et change de couleur au cours de l'année. Tout d'abord vert luisant, il devient orange foncé en automne pour adopter un belle teinte cuivrée en hiver. Entre juin et octobre, de très fines et très élégantes panicules surmontent la touffe basale. Ces tiges vaporeuses sont de véritables attrapeuses de lumière et confèrent à cette graminée un charme irrésistible. De quoi la rendre rapidement indispensable. Autre curiosité : le parfum de coriandre que dégage la plante.

9 ***Stipa gigantea*.**
Hauteur : 180 cm. Soleil.

Belle graminée de caractère, que l'on trouve à l'état sauvage en Espagne, au Portugal ou encore au Maroc. La touffe est vigoureuse, avec un feuillage dense vert profond. Au printemps, s'élèvent des tiges épaisses au bout desquelles fleurissent des épis blonds, semblables à ceux de l'avoine. Le spectacle est splendide avec la lumière rasante, d'où l'importance de planter cette géante face au soleil couchant. C'est une plante qui garde son attrait longtemps, du printemps à l'automne. Elle s'intègre parfaitement dans un massif de vivaces, mais peut également accompagner la plantation d'arbustes en y apportant mouvement et légèreté. Bonne tolérance au calcaire.

9

10 ***Stipa tenuissima*. Cheveux d'ange.**
Hauteur : 50 cm. Soleil.

Graminée vivace originaire du Texas, très souple, formée de feuilles fines, persistantes, d'un vert intense et d'inflorescences vaporeuses argentées. L'ensemble est d'une totale légèreté et ondule au moindre souffle du vent. Les semis spontanés sont nombreux, et c'est chaque fois comme une belle surprise. Pas d'inquiétude : il est aisé de supprimer les jeunes plants indésirables !

En terrain lourd, les touffes ont tendance à mal vieillir. Quand les épis forment une masse un peu terne et enchevêtrée, il suffit de tirer dessus avec précaution pour redonner à la plante sa fière allure. Cette graminée supporte les sols calcaires.

11 ***Melica ciliata*. Mélique. *Poaceae*.**
Hauteur : 80 cm. Soleil et mi-ombre.

Cette vivace gagnerait à être plus souvent utilisée dans les jardins. D'autant qu'elle est d'une grande facilité de culture en milieu sec, se contentant d'un sol caillouteux et drainé. Les épis en forme de goupillon sont d'abord verts, avant d'adopter un beau coloris crème qui les différencie des autres graminées. Cette particularité, qui peut sembler anodine, est en fait un magnifique faire-valoir dans les massifs, aux côtés de fleurs blanc pur ou au contraire de coloris intenses. Plantée dans un environnement qui lui convient, elle se ressème abondamment. Feuillage rugueux, persistant. Adaptée à une plantation en région maritime. Parfaite tolérance au calcaire.

Trois persistants de choc

Les jardins ont besoin de structure. Les végétaux persistants apportent cette structure, bien précieuse les mois d'hiver quand le jardin est au repos. Quelques sujets taillés dans un jardin en modifient immédiatement la physionomie. L'art topiaire consiste à jouer des formes et des volumes en pratiquant des tailles régulières sur des arbustes que l'on sculpte littéralement. Le buis se prête merveilleusement à l'exercice, grâce à sa croissance plutôt lente et régulière, et à sa végétation compacte. On lui donne pratiquement toutes les formes souhaitées, de la plus stricte à la plus fantaisiste. Les topiaires élaborées se font à partir de gabarit que le buis recouvre peu à peu. Il faut faire preuve de patience, parfois une dizaine d'années, mais le résultat en vaut la peine.

On taille le buis ❶ vers le mois de juin, un jour où il ne fait pas trop chaud pour éviter les effets de brûlure sur les feuilles. Une seconde taille peut être pratiquée en septembre si nécessaire, mais jamais plus tard, sans quoi les jeunes pousses n'auraient pas eu le temps de lignifier suffisamment avant le froid hivernal. Le buis résiste bien au sec, mais comme tous les végétaux, il a besoin d'arrosage les deux premières années qui suivent sa plantation. Par précaution (et éviter les brûlures sur les feuilles par échauffement des matières organiques en décomposition), il est recommandé de maintenir le paillis éloigné d'une dizaine de centimètres des branches de la base. Hélas, nos bons vieux buis doivent aujourd'hui affronter un véritable fléau, provoqué par un lépidoptère originaire d'Extrême-Orient et introduit accidentellement en Europe dans les années 2000. Des traitements existent, mais leur efficacité n'est pour le moment pas totalement avérée.

1

EN NORMANDIE AUSSI ON PARLE SÉCHERESSE !

Lorsque j'ai acheté ma maison en Basse-Normandie, limite Pays d'Ouche et Perche, je ne pensais évidemment pas que je serais confronté à des problèmes de sécheresse. Pour la plupart des gens, la Normandie, c'est de l'eau qui lorsqu'elle ne tombe pas du ciel remonte du sol. En tout état de cause, rien qui ressemble à une région où la nature crève de soif ! Quinze ans de jardinage plus tard, si je n'ai naturellement pas le sentiment de jardiner en région sèche, je note tout de même que certaines plantes ont disparu du paysage, parce que trop gourmandes en eau, trop sensibles aux coups de chaud de l'été ou tout simplement incapables de se passer de mes soins attentifs !

Comme nous l'avons déjà évoqué, nous avons également remarqué qu'il existait des variations notables entre les différents espaces jardinés, aussi bien en matière de sol (terre très argileuse au potager, filtrante au pied d'une petite dépendance, séchant rapidement sur le talus bordant le chemin d'accès, etc.) qu'en ce qui concerne les températures dont les écarts sont loin d'être négligeables d'un point à un autre de mon jardin. Protections des murs ou des haies, plates-bandes exposées au vent, massif ombragé ou a contrario exposé au soleil du matin au soir, lisière de taillis : autant de microclimats qui m'ont quelquefois contraint à changer plusieurs fois l'emplacement de certaines plantes jusqu'à leur trouver (ou pas !) leur situation idéale. On oublie trop souvent en effet que le jardinier travaille avec du vivant et que cette réalité oblige à n'être sûr de rien. Une plante réputée d'une rusticité moyenne va peut-être très bien s'adapter à un endroit précis du jardin, parce que certaines conditions particulières s'y trouveront réunies... S'il est donc important de se renseigner sur les préférences des plantes que l'on désire acquérir, il ne l'est pas moins de bien comprendre comment fonctionne son terrain, en repérant les endroits où la terre sèche plus vite, ceux où l'action du vent est nulle ou toute autre caractéristique qui permettra de bien respecter cette règle de « chaque plante à sa place »...

Cette précaution oratoire étant prise, je ne peux nier qu'il existe des plantes qui font montre d'une sobriété remarquable. Arrosées la première année suivant leur plantation, elles ne l'ont ensuite pratiquement plus été, résistant plus que bien à certaines longues semaines d'été sans précipitations. Ces plantes, arbustes ou plantes vivaces, en voici une tentative de liste (évidemment non exhaustive !) :

Rosiers : *Rosiers rugosa (tous !)*. Rosiers liane ou sarmenteux ('Paul's Himalayan musk', 'Wedding Day', 'Kiftsgate', 'Veilchenblau', 'Treasure Trove', 'Mermaid'...). Rosiers arbustes (pas possible de tous les nommer... Disons que les plus naturels, les moins sophistiqués, sont aussi ceux qui résistent le mieux, finissant par se débrouiller seuls, sans taille ni arrosage...).

Arbustes : *Epicea*. *Juniperus communis* (genévrier commun). *Taxus* (ifs, fastigiés ou non). *Eunymus fortunei* (fusains panachés). *Hedera arborescens* (lierre en boule). *Erica darleyensis* (bruyère). *Chaenomeles speciosa* (cognassier du Japon). *Ilex* (houx). *Buddleja* (arbre à papillons). *Cotinus coggygria* (arbre à perruques). *Parrotia persica* (arbre de fer). *Osmanthus burkwoodii* (Osmanthe de Burkwood). *Osmanthus heterophyllus* (osmanthe à feuilles variables) *Lonicera nitida*. *Berberis*. *Rubus thibetanus* 'Silver Fern' (ronce du Tibet à feuilles de fougères).

Vivaces : *Acanthus mollis* (acanthe à feullles molles). *Achillea* (achillée). *Agapanthus* (agapanthe). *Agastache* (agastache). *Amsonia tabernæmontana* (amsonie), *Armeria* (gazon d'Espagne). *Artemisia* (armoise). *Aster ageratoïdes* (le plus résistant au sec dans mon jardin). *Campanula persicifolia* (campanules à feuilles de pêcher). *Catananche cærulea* (cupidone). *Cerastium tomentosum* (céraiste). *Cistus hybridus* (ciste). *Coreopsis verticillata* 'Moonbeam' (coreopsis). *Cosmos atrosanguineus* (cosmos chocolat). *Dianthus* (œillet. Différentes espèces). *Echinops ritro* (boule azurée. Chardon bleu). *Epimedium* (fleur des elfes). *Epilobium* (épilobes). *Erigeron karvinskianus* (vergerette). *Eryngium* (panicaut). *Euphorbia (euphorbes. Là encore, différentes espèces)*. *Foeniculum vulgare* 'Purpureum' (fenouil bronze). *Gaura lindheimeri* (gaura). *Geranium* (bec de Grue. Les plus costauds ici : G. 'Johnson's Blue, G. macrorrhizum, G. phæum, G. 'Philippe Vapelle'). *Helianthemum* (hélianthème). *Helianthus* 'Lemon Queen' (hélianthème). *Helichrisum italicum* (immortelle de Corse). *Kalimeris* (kalimeris). *Kniphofia* (trinome). *Lathyrus latifolius* 'White pearl' (pois vivace). *Linum perenne* (lin vivace). *Liriope muscari* (liriope). *Lychnis chalcedonica* (croix de Jerusalem). *Nepeta* (menthe des chats). *Oenothera* (œnothère). *Origanum laevigatum*. *Origanum vulgare* 'Thumble's Variety' (origan). *Perovskia* 'Blue Spire' (perovskia). *Persicaria* (persicaire. Différentes espèces). *Phlomis russeliana*. (phlomis). *Rosmarinus officinalis* 'Corsican Blue'. *Rosmarinus officinalis* 'Prostratus'. *Ruta graveolens* (rue). *Salvia microphylla* (grahamii) *et Salvia sclarea* (sauge musquée). *Les deux meilleures sauges ici*. *Scabiosa* (scabieuse). *Sedum* (sédum). *Sisyrinchium*. *Solidago* (verge d'or). *Teucrium* (germandrée d'Iran), *Thymus* (thym. Nombreux thyms couvre-sol dans les parties sèches et caillouteuses). *Verbascum* (molène). *Verbena bonariensis* (verveine de Buenos-Aires), *Verbena hastata* (verveine hastée).

Avec l'if ❷, on peut également créer des formes, telles que boules, obélisques, pyramides... L'if ne pousse pas vite, mais il vit très longtemps, supporte bien le taillage, pousse à l'ombre si nécessaire, et tolère également le froid et la sécheresse. Même les terrains calcaires ne lui font pas peur !

Le laurier sauce ❸ (à ne pas confondre avec le laurier-rose qui est un poison !) est célèbre en cuisine comme pour avoir servi dans l'Antiquité à tresser des couronnes que l'on déposait sur le front des vainqueurs. On peut le laisser pousser librement ou bien le tailler dans des formes simples. Ses grandes feuilles n'autorisent pas des topiaires très élaborées. Le laurier sauce est en tout cas très résistant à la sécheresse.

Seize roses

Il est difficile, pour certains jardiniers, de se passer de roses dans un jardin. Or, tous les rosiers ne sont pas amateurs de terrains secs, et moins encore des sols sableux où l'eau ne s'attarde guère. Il faut garder à l'esprit que les espèces botaniques sont généralement plus armées pour s'adapter à une vie rude que les résultats de croisements compliqués. Ces derniers ont souvent gagné en sophistication ce qu'ils ont perdu en résistance. On ne peut exclure tous les rosiers modernes, bien sûr, mais les roses opulentes, pleines de pétales, et portées par des tiges chargées de belles et grandes feuilles auront a priori des besoins en eau importants. De même, les rosiers remontants (ceux qui fleurissent presque sans interruption du printemps à l'automne) auront plus d'exigence que les rosiers non remontants (une floraison unique mais souvent très spectaculaire au printemps).

1 ***Rosa gallica officinalis.***
Non remontant. Rosier arbuste. Hauteur : 1-1,5 m.

Il s'agit de la célèbre rose de Provins, celle à partir de laquelle on confectionne la fameuse eau de rose. Rosier facile à vivre, parfum de rêve et très belle fructification automnale, d'autant plus abondante que le rosier aura connu une chaude période estivale.

2 ***Rosa banksiae* 'Lutea'.**
Non remontant. Grimpant. Hauteur : 15 m

Un rosier liane impressionnant ! Ce rosier est une merveille trop peu utilisée dans les jardins méditerranéens. La première fois que je l'ai vu, c'était dans un jardin marocain. Il partait à l'assaut d'un palmier et sa magnifique floraison formait un dôme spectaculaire.

Cette floraison, même si elle ne dure guère que trois semaines, est en tout point spectaculaire. Les boutons regroupés en grappes, s'épanouissent en une multitude de fleurs doubles d'un jaune un peu beurre, un peu primevère. La floraison est sans parfum. Si on préfère un rosier parfumé, *R. banksiae* 'Lutescens' sera un meilleur choix. Mais dans ce cas, on se contentera de fleurs simples. L'un comme l'autre ont une rapidité de croissance hors pair et il faut de solides supports pour soutenir le poids d'un sujet adulte. La forme des feuilles (cinq folioles), leur aspect lisse et mince, de même que les tiges qui sont totalement dépourvues d'épines, font que l'on a parfois du mal à ne pas confondre ce curieux rosier avec une liane exotique. Pour en réussir la culture, il est indispensable de planter le rosier de Banks dans un sol drainé. Puisqu'il pousse sans entretien et qu'il n'est sensible à aucune maladie, il n'y aura plus ensuite qu'à le regarder grandir !

3 ***Rosa chinensis*** **'Mutabilis'.**
Remontant. Rosier arbuste. Hauteur : 200 cm.

Encore un original pour situations chaudes ! Difficile de définir la couleur exacte des fleurs, puisque celle-ci ne cesse de changer. Le bouton est orangé, et la rose s'ouvre jaune, avant de virer au rose, puis au magenta. Le spectacle a lieu du mois de mai jusqu'au mois d'octobre. La forme des fleurs elle-même est particulière : roses simples, cinq pétales, mais comme ceux-ci se recourbent volontiers, ou bien s'enroulent légèrement sur eux-mêmes, on a parfois l'impression d'avoir affaire à un vol de papillons. Qu'importe dès lors que le parfum en soit absent. On l'aura compris, ce rosier plaira aux amateurs de raretés. C'est un robuste une fois qu'il est bien établi. Les deux premières années, on peut le pailler au pied avant l'hiver, par prudence, puisqu'il a la réputation d'être gélif. Sinon, pas de taille requise. Il faut laisser à ses rameaux souples et aériens, le soin de s'épanouir librement.

4

5

4 'Nozomi'.
Non remontant. Couvre-sol. Hauteur : 50 cm. Étalement : 2 m et plus.

D'origine japonaise, ce rosier est une pure merveille. On peut l'utiliser pour habiller un talus, retomber d'un muret ou tout simplement le planter au pied d'une petite grille sur laquelle on conduira ses longues branches épineuses à l'abondant feuillage vert foncé. La floraison est un moment de grâce vraiment exceptionnel. De petites églantines d'un rose délicat, suivies par une myriade de petits fruits rouge vif. Unique en son genre.

5 *Rosa longicuspis.*
Non remontant. Liane. Hauteur : 8-10 m. Étalement : 8-10 m.

Un rosier pour les régions plutôt douces. S'il est planté dans un endroit chaud et abrité, ce rosier botanique donnera le meilleur de lui-même. C'est un rosier grimpant de grand développement, à utiliser pour partir à l'assaut d'un arbre qu'il récompensera de sa magnifique floraison printanière. D'adorables boutons chamoisés, puis des fleurs en forme d'églantines pourvues de belles étamines dorées, et enfin, une infinité de petits fruits rouge-orange qui feront le régal des oiseaux.

6 'Rose de Rescht'.
Remontant. Arbuste. Hauteur : 1 m à 1,5 m.

Originaire d'Iran, ce beau rosier aime la chaleur ! Extrêmement remontant, son autre atout est son parfum, puissant et délicieux. Ses belles fleurs rose fuchsia, bien doubles, s'épanouissent sans faiblir du printemps jusqu'aux premières gelées. C'est un rosier fiable, au port droit, dont les tiges feuillues se montrent très épineuses. Si la floraison diminue, raccourcissez chaque branche au printemps.

6

7 'Madame Alfred Carrière'.

Remontant. Grimpant. Hauteur : 4 à 5 m.

Il est très fiable et bien remontant ce rosier réputé pour ses grandes fleurs doubles, assez lâches, d'un joli blanc rosé à l'éclosion et qui ensuite deviennent ivoire satiné. Elles sont regroupées au bout de tiges solides et leur parfum est très agréable. Il convient, pour ce grimpant aux tiges épaisses et peu épineuses, de prévoir un support suffisamment solide.

7

8 'Complicata'.

Non remontant. Arbuste. Hauteur : 2-3 m. Étalement : 2-3 m.

Complicata ! On se demande pourquoi ? Difficile en effet de trouver rosier plus facile à vivre ! Doté d'un caractère exemplaire, ce beau rosier se couvre au printemps d'énormes fleurs simples en forme de coupes roses à cœur blanc, symbole de fraîcheur. Les grandes étamines dorées ajoutent à la splendeur. C'est un rosier vigoureux, à planter en haie ou en isolé en lui laissant de la place pour s'épanouir. Les indéfectibles adeptes des rosiers remontants feraient bien de revoir leur jugement, car ceux qui ne fleurissent qu'une fois sont les plus spectaculaires. Et souvent, comme ici, la floraison de ces beaux éphémères est suivie d'une remarquable fructification.

9 'Pleine de Grâce'.

Non remontant. Arbuste ou grimpant. Hauteur : 3 m. Étalement : 4 m.

Il faut prendre soin de ne pas planter ce géant n'importe où, car ses énormes pousses hérissées d'épines poseraient problème. Mais dans un environnement adéquat, en lisière de bois ou devant une prairie, sa belle floraison crème puis blanc pur se remarquera de loin. La répartition des fleurs sur chaque tige est très originale. D'année en année, le rosier laissé libre lance de nouvelles tiges et l'ensemble finit par former un véritable monument mais qui conserve cependant une silhouette empreinte de charme et de souplesse.

8

9

10 ***'Dupontii'.***
Non remontant. Arbuste. Hauteur : 2,5 m. Étalement : 2 m.

Un grand rosier sain à belle floraison blanche. Supporte le sec.

11 ***Rosa pimpinellifolia.***
Rosiers pimprenelle. Hauteur : 1,2 m. Étalement : 1 à 1,3 m.

Ces rosiers étaient très populaires en Angleterre avant la création des rosiers remontants. Leur élégant feuillage de fougère les rend facilement identifiables. Pour le reste, de jolies petites fleurs le plus souvent semblables à des églantines, suivies de petits fruits brillants. Leur apparence délicate ne doit pas tromper sur leur caractère véritable. Ce sont des costauds, jamais rebutés par des sols ingrats et un soleil cuisant.

12

10

11

12 ***Rosa damascena.* Rose de Damas.**
Remontant. Rosier arbuste. Hauteur : 120 à 150 cm.

Très anciens, les rosiers de Damas forment un groupe unique. Ils ont été importés en Europe par les chevaliers au retour des Croisades. Leur floraison est brève, mais leur parfum inimitable. Ils sont d'ailleurs utilisés en parfumerie ou pour la confection de pots-pourris. Les roses sont généralement bien doubles. Parmi les rosiers de Damas recommandés, citons 'Blush Damask', à la végétation abondante, au port étalé, et aux très attractives fleurs doubles, d'un rose teinté de lilas.

Sinon 'Omar Khayyan', très ancien, offre une généreuse floraison rose vif, bien parfumée également. 'Ispahan' figure toutefois au rang des rosiers de Damas les plus convoités. Le feuillage vert tirant sur le gris sert magnifiquement d'écrin à ses fleurs, très grandes, et dont le beau rose lumineux perdure longtemps. Les rosiers de Damas se contentent généralement de sols pauvres.

13

14

13 **'Mermaid'.**
Remontant. Grimpant. Hauteur : 10 m.

Ce rosier lance de véritables harpons hérissés d'épines dures à l'assaut des branches des arbres au pied desquels il est généralement planté et qu'il colonise assez lentement, mais toujours sûrement ! Les fleurs sont simples, d'une taille impressionnante et possèdent de belles étamines couleur d'ambre. Elles sont légèrement parfumées, démarrent jaune canari, puis pâlissent lentement. La floraison démarre assez tard en saison, mais elle se prolonge régulièrement jusqu'aux premières gelées.

C'est un rosier assez unique en son genre, qu'il vaut mieux laisser pousser sur un support naturel (lisière, vieil arbre, etc.). Ses grandes branches épineuses et assez raides rendent en effet son utilisation difficile pour habiller un mur. Le feuillage de 'Mermaid', jamais malade, est souvent persistant en climat doux. C'est d'ailleurs dans les ambiances maritimes, exemptes de grands froids, qu'il se déploie le mieux.

14 **'Pénélope'.**
Remontant. Arbuste ou petit grimpant. Hauteur : 2 m à 4 m.

Il résiste si bien à la chaleur, cet élégant rosier, qu'on le rencontre dans de nombreux jardins du Sud de la France où il survit très bien sans arrosage. Le feuillage est sain, abondant, vert foncé avec certains reflets rouges. Magnifiques fleurs semi-doubles, au blanc ivoire tirant sur le pêche. Le parfum en outre est agréable.

Pour un effet magique, on pourra l'associer à 'Nur Mahal', de même taille sensiblement, dont les fleurs également parfumées, et également semi-doubles, sont d'un rouge vif écarlate.

15 **'Général Schablikine'.**
Remontant. Arbuste ou grimpant. Hauteur : 1,5 à 3 m.

Les rosiers Thé, dont 'Général Schablikine' fait partie, affectionnent les climats doux. Les fleurs ont une forme bien reconnaissable. Le bouton en spirale donne naissance à une rose ébouriffée dont les pétales sont recourbés sur eux-mêmes. Le coloris est entre le rouge saumoné et le rouge cuivré. Autant dire qu'il ne passe pas inaperçu. On apprécie également chez ce rosier sa générosité exceptionnelle puisqu'il fleurit sans relâche du mois de juin jusqu'au mois de novembre. Autre qualité : le parfum très agréable. Le feuillage sain, rougeâtre à l'état jeune, complète favorablement le portrait.

16 **'Sombreuil'.**
Remontant. Grimpant. Hauteur : 2,5 à 4 m.

Un beau feuillage sain, ample et luxuriant pour magnifier des fleurs assez plates, d'un blanc pur avec quelques reflets crème à la base des pétales. Ces fleurs remontent bien et embaument, alors que demander de plus ? Pas étonnant que ce rosier Thé soit fréquemment utilisé. Et même s'il aime les climats doux, il s'adapte également très bien aux climats moins cléments.

Plantation d'un rosier en terre sèche

Dans une terre ordinaire, on a le choix entre planter un rosier en conteneur ou à racines nues. Dans les terrains caillouteux et qui ne retiennent pas l'eau, il est quasi impératif de se procurer des rosiers à racines nues qui seront plus à même de s'ancrer rapidement dans les profondeurs du sol. Autre précaution utile : faire un grand trou à la bêche ou à la fourche-bêche. 50 cm de côté et d'une profondeur de 30 à 40 cm. Ça peut paraître immense comparé à la taille du rosier encore petit que l'on s'apprête à planter, mais il est nécessaire que la terre soit travaillée afin que les racines puissent s'y enfoncer aisément par la suite. On place ensuite le rosier en étalant les racines. Il faut veiller à ce que le point de greffe soit très légèrement enterré (1 à 2 cm suffisent). À la terre d'origine, on aura mêlé compost maison, deux bonnes poignées de bentonite si possible, et une poignée de sang séché ou de corne broyée. On creuse une cuvette afin que l'eau apportée demeure bien au pied, puis on arrose généreusement, en laissant l'eau s'infiltrer lentement. Après avoir arrosé, on paille pour éviter que la terre reste à nu. L'arrosage se fera ensuite comme expliqué plus haut : toutes les deux semaines en période de sécheresse, et abondamment. Une fois que le rosier aura pris ses aises, la première année passée, il pourra se débrouiller tout seul. Il faudra seulement veiller à ce que la terre à son pied soit toujours occupée (paillis ou plantes couvre-sol).

Quinze bulbes

Beaucoup de bulbes conviennent idéalement aux jardins où l'arrosage est rare, voire absent. Les bulbes sont précieux car ils apportent beaucoup de couleur à des périodes variées. Autre avantage : une fois plantés, ils se débrouillent tout seuls, se rappelant à notre bon souvenir le temps de leur floraison spectaculaire. Ensuite, les bulbes se mettent en dormance, c'est-à-dire qu'ils refont le plein d'énergie sous terre, via leur organe de réserve (bulbe, corme, rhizome, etc.) jusqu'à ce qu'ils reforment les bourgeons qui leur permettront de fleurir à nouveau l'année suivante. Pour que cette opération soit couronnée de succès, il est important de ne pas supprimer le feuillage après la floraison et de le laisser se dessécher lentement. Certains bulbes ont même besoin de l'action brûlante du soleil en été pour reconstituer leurs réserves et bien fleurir l'année suivante. C'est le cas par exemple des grandes fritillaires, des *Allium*, des *Amaryllis belladona*, des nérines ou encore des *Sternbergia lutea* au jaune si éclatant.

Dans un jardin sec, les bulbes s'intègrent de multiples manières. Avec des vivaces, pour habiller un talus, ou au pied d'arbustes, plantés en masse, dans les massifs. Mais aussi tout simplement enfoncés dans du gravier d'où ils émergeront comme des surprises colorées parfois même avant la fin de l'hiver. La sélection qui suit est loin d'être exhaustive. Mais ces bulbes-là ont d'ores et déjà fait leur preuve dans les jardins secs.

Parmi les bulbes les mieux adaptés aux terres drainées, à tendance sèche, nous conseillons la sélection suivante (les narcisses n'y figurent pas, car ils réclament une terre humide durant leur croissance...).

Les bulbes à floraison haute

1 *Allium giganteum (Alliacées/Liliacées).*

Origine : Asie Centrale. Fleurs : ombelles sphériques de près de 15 cm de diamètre, d'un beau mauve lilas. Époque : été. Préférences : exposition ensoleillée, terre drainée, assez riche. Hauteur : 1,5 m. Autres : mêmes conditions de culture pour *Allium Stipitatum* (1,2 m) et *Allium hollandicum* (75 cm).

2 *Amaryllis belladonna 'Hathor' (Amaryllidacées/Liliacées).*

Origine : horticole. Fleurs : grappes de grandes fleurs blanches à gorge jaune, en forme d'entonnoir. Très bon parfum. Époque : automne. Préférences : sol sableux, profond, bien drainé, et au pied d'un mur chaud pour bien faire. Hauteur : 60-80 cm.

1

2

3 *Dichelostemma congestum*. Alliacées/ Liliacées.

Origine : prairies de l'ouest de l'Amérique du Nord. Fleurs : bleu lilas, en forme d'entonnoir, disposées tout autour d'une tige très épaisse. Époque : début d'été. Préférences : terrain drainé et sec en été, exposition ensoleillée et abritée. Hauteur : 70 cm.

4 *Eremurus*. Liliacées.

Ce lis des steppes n'a sans doute pas sa place dans cette liste de bulbes, puisque l'organe de réserve en question (spectaculaire, en forme de grande étoile ou d'araignée) est en réalité une souche tubéreuse. Mais il était difficile de résister à l'envie d'en faire l'éloge. Plantée dans un sol bien drainé, en exposition chaude, cette curieuse racine donne naissance, chaque année vers mai-juin, à une imposante grappe fleurie qui peut aller du blanc pur à l'orangé, en passant par le crème ou le jaune. Hauteur : 90 cm– 1 m.

5 ***Fritillaria imperialis.***

Fleurs : en cloches pendantes, regroupées en bouquets, et disposées au sommet de tiges robustes. Elles sont surmontées de bractées feuillues qui achèvent de donner à l'ensemble une allure exotique. Époque : début d'été. Exigences : la fritillaire impériale aime les sols drainés, fertiles, et une exposition chaude. Hauteur : peut atteindre 1,5 m. Même exigence de terrain et d'exposition pour l'étonnante *Fritillaria persica* aux fleurs joliment campanulées, d'un rare pourpre tirant sur le noir.

6 ***Lilium regale*. Lys royal.**

Fleurs : en grappes jusqu'à 20 fleurs sur une même tige. Leur parfum est puissant, caractéristique. Fleurs blanches à l'intérieur, plus ou moins pourprées à l'extérieur. Époque : été. Préférences : du soleil pour la fleur, mais le bulbe un peu à l'ombre. Dans un sol fertile, bien drainé, de neutre à acide. Hauteur : 1 m.

7 ***Ornithogalum narbonense*. Liliacées/ *Hyacinthus*.**

Origine : zones désertiques d'Europe méridionale, de la Méditerranée aux montagnes du Caucase. Fleurs : pyramides de fleurs blanches en étoile sur une longue tige nue. Époque : début d'été. Préférences : sol bien drainé de rigueur. Peut se naturaliser si l'emplacement lui convient. Hauteur : 90 cm.

Les bulbes à floraison moyenne

❶ *Ixiolirion tataricum. Amaryllidacées.*

Origine : prairies de l'Asie Mineure et du Sud-Ouest du Cachemire. Fleurs : en forme d'entonnoirs, regroupées par dix environ, au bout d'une tige assez souple. Époque : fin de printemps, début d'été. Préférences : sol bien drainé. Apprécie de « cuire » au soleil pendant la période de repos végétatif. Hauteur : 40 cm.

❷ *Nerine bowdenii. Amaryllidacées/Liliacées.*

Origine : Afrique du Sud et Lesotho. Fleurs : ravissantes ombelles d'une dizaine de fleurs à chaque fois portées par une tige solide. Les fleurs sont roses et les pétales recourbés à leur extrémité. Époque : automne. Préférences : sol bien drainé indispensable. Une cour protégée, ensoleillée, ou bien le pied d'un mur chaud leur conviendront bien. Paillis hivernal dans les régions froides. Hauteur : 50 cm.

1

2

(3) *Rhodophiala advena. Amaryllidacées/ Liliacées.*

Origine : régions montagneuses du Chili. Fleurs : deux ou trois fleurs en trompette sur une tige robuste, de couleur rouge, jaune ou rose. Époque : fin d'été et début d'automne. Préférences : terre ultra drainée et exposition abritée et chaude sont indispensables. Peut supporter de brèves gelées à - 5°C. Paillis hivernal préférable. Hauteur : 50 cm.

(4) *Tulipa.*

Plutôt que le choix de tulipes horticoles, les sols drainés et pas trop riches feront le bonheur des tulipes botaniques, comme la *Tulipa clusiana* (25 cm), *T. batalinii* (5 à 10 cm), *T. kaufmanniana* (10 à 15 cm), *T. tarda* (10 cm) ou encore l'étonnante *T. saxatilis*, d'origine crétoise, qui prend ses aises en milieu chaud en étirant autour d'elle ses nombreux stolons.

Les bulbes à floraison basse

1 ***Crocus.***

Les crocus sont merveilleux, fidèles et revenant d'année en année comme une surprise, soit au printemps, soit à l'automne. Pour bien les apprécier, il est préférable de les planter en groupe, et en bordure de massif, en rocaille, ou près des lieux de passage où ils seront bien visibles. Ils n'ont pas tous les mêmes exigences.

Pour la situation qui nous intéresse, à savoir un sol bien drainé et le plein soleil, on s'orientera vers les quelques cultivars suivants : *Crocus chrysanthus* 'Cream Beauty' (au printemps), *Crocus tommasinianus* 'Ruby Giant' (fin d'hiver et printemps), *Crocus sativus* (le crocus avec lequel on produit le safran, la floraison est automnale), *Crocus goulimyi* (en automne).

1

2

2 ***Puschkinia. Liliacées/Hyacinthus.***

Origine : Europe du sud-est. Fleurs : grappes denses de petites fleurs en clochettes bleu pâle rayé de bleu plus foncé (*P. scilloides*) ou blanches (*P. scilloides* var. 'Alba'). Époque : printemps. Hauteur : 15 cm. Préférences : pas d'humidité stagnante. Soleil.

3 ***Scilla scilloides. Liliacées/Hyacinthus.***

Origine : Chine et Japon. Fleurs : grappes dressées de petites fleurs étoilées rose pâle. Époque : automne. Préférences : une terre riche et drainée et une exposition chaude et abritée. Hauteur : 20 cm.

4 ***Sternbergia lutea. Amaryllidacées.***

Origine : régions sèches, Méditerranée, Iran, Asie Centrale. Fleurs : gobelet jaune vif, rappelant celles des crocus. Époque : automne. Préférences : parfait dans des graviers, en rocaille, dans un sol parfaitement drainé et une exposition ensoleillée. Hauteur : 15 cm.

Crédits photographiques

Couverture :
© Shutterstock

© Biosphoto :
p. 4 : B&G Médias ; p. 6, 9 : Jean-Michel Groult ; p. 10 : Helga Noack / Flora Press ; p. 11 H : Philippe Giraud ; p. 11 B : Geoff Kidd / Science Photo Library ; p. 12 : NouN ; p. 13 : Petzold Alexandre ; p. 15 : Mark Bolton ; p. 16-17 : Lynn Keddie / Gap -Hewitt-Cooper Carnivorous Plants ; p. 18, 19 : RHS / RHS ; p. 21 : Mark Winwood / Gap ; p. 22 : Jean-Michel Groult ; p. 23 : Biosphoto / Lamontagne ; p. 24 G : Fiona McLeod / Gap ; p. 24 D : Vision Botanicals / Visions Pictures ; p. 25 G : Hervé Lenain ; p. 25 D : Philippe Giraud ; p. 156 : Jean-Éric Fabre / Domaine de Courson ; p. 27 : Vision Botanicals / Visions Pictures; p. 30 : ˝ Kateryna Yakovlieva; p. 31 : ˝ V J Matthew; p. 33 : ˝ Bildagentur Zoonar GmbH; p. 34 (carte) : ˝ Aleksa 2013; p. 34 (bas) : ˝ Ms Jane Campbell; p. 35 : ˝ Yann Avril; p. 36 : ˝ Asharkyu; p. 37 (gauche) : ˝ Prapann; p. 37 (droite) : ˝ Martina Simonazzi; p. 37 (illustrations) : ˝ Jakinnboaz; p. 38 (haut) : ˝ Alessio Orru; p. 38 (bas) : ˝ Arenysam; p. 39 : ˝ Frédéric Didillon (Jardin de Plantbessin); p. 40 : ˝ Digitalice; p. 41 (haut) : ˝ Geoff Kidd / SPL - Science Photo Library; p. 41 (bas) : ˝ NouN; p. 42 (gauche) : ˝ Visualpower; p. 42 (droite) : ˝ Elina Chernikova; p. 43 : ˝ Cherries; p. 45 : ˝ Serge Lapouge; p. 46 : ˝ Freebird7977; p. 47 (gauche) : ˝ Robert Przybysz; p. 47 (droite) : ˝ InfoFlowersPlants; p. 48 (gauche) : ˝ R. Maximiliane; p. 48 (droite) : ˝ Copernickus; p. 49 : ˝ Rawpixel.com; p. 50 : ˝ B & G M.dias / Rustica; p. 51 : ˝ Pixinoo; p. 52 : ˝ Frédéric Didillon; p. 53 (haut) : ˝ KaliAntye; p. 53 (bas) : ˝ Alison Hancock; p. 54 : ˝ Jaikhun tharae; p. 55 : ˝ KaliAntye; p. 56 (droite) : ˝ MskPhotoLife; p. 56 (gauche) : ˝ NouN; p. 57 : ˝ Simon Maddock; p. 58 : ˝ Christian Hochet / Rustica; p. 59 (gauche) : ˝ Peter Turner Photography; p. 59 (droite) : ˝ Romarti; p. 60 : ˝ Christian Hochet / Rustica; p. 61 : ˝ JurateBuiviene; p. 62 : ˝ Claudius Thiriet; p. 63 (haut) : ˝ JPC-PROD; p. 63 (bas) : ˝ Thoom; p. 64 (bas) : ˝ Artcphotos; p. 64 (haut) : ˝ Wiert nieuman; p. 65 : ˝ Frédéric Didillon; p. 66 (1) : ˝ Manfred Ruckszio; p. 66 (2) : ˝ Islavicek; p. 66 (3) : ˝ Hans Clauzing / Visions Pictures; p. 66 (4) : ˝ Kathie Nichols; p. 67 (5) : ˝ Anna Gratys; p. 67 (6) : ˝ Choi hyekyung; p. 68 (7) : ˝ Divgradcurl; p. 68 (8) : ˝ Sambhatharu; p. 68 (9) : ˝ Manfred Ruckszio; p. 68 (10) : ˝ Ilona5555; p. 69 (1) : ˝ Juriaan Wossink; p. 69 (2) : ˝ Peter Turner Photography; p. 69 (3) : ˝ APugach; p. 70 (4) : ˝ Mindfullness; p. 71 (6) : ˝ Gerry Burrows; p. 72 (8) : Flower_Garden; p. 73 : ˝ John Glover / Flora Press; p. 74 (1) : ˝ Fotomika; p. 74 (2) : ˝ 54115341; p. 74 (3) : ˝ Tomas Woff; p. 76 (1) : ˝ JFs Pic S. Thielemann; p. 76 (2) : ˝ Khuntapol; p. 77 (3) : ˝ Jean-Michel Groult; p. 78 (1) : ˝ Philippe Giraud; p. 78 (2) : ˝ Stefan Rotter; p. 79 (3) : Kate Iniakina; p. 79 (4) : ˝ Khalangot Sergey L; p. 79 (5) : ˝ D_odin; p. 79 (6) : ˝ Alessio Orru; p. 79 (7) : ˝ Hannamariah; p. 80 (1) : ˝ Stephane Bidouze; p. 80 (2) : ˝ Serge Lapouge; p. 80 (3) : ˝ H. Curtis; p. 81 (1) : ˝ Del Boy; p. 82 (2) : ˝ Max_555; p. 82 (3) : ˝ Bastian Kienitz; p. 83 (4) : ˝ Ramone; p. 83 (5) : ˝ Anna Gratys; p. 84 (6) : ˝ Vasara; p. 85 : ˝ Sutapat.t; p. 85 (2) : ˝ Elena Leschenko; p. 86 (3) : ˝ Irina Borsuchenko; p. 86 (4) : ˝ Kathryn Roach; p. 87 (5) : ˝ Stevenson; p. 86 : ˝ Shihina; p. 88 (1) : ˝ Anna Gratys; p. 88 (2) : ˝ Sue Bishop / Flowerphotos; p. 89 (3) : ˝ Juniors; p. 89 (4) : ˝ Malle; p. 90 (5) : ˝ NataliaNM; p. 90 (6) : ˝ CTatiana; p. 90 (7) : ˝ Andrew Lawson / Flora Press; p. 91 (8) : ˝ NouN (Jardin de Ginette Haute-Vienne); p. 91 (9) : ˝ Manfred Ruckszio; p. 92 (10) : ˝ Daan Kloeg; p. 93 (1) : ˝ Flower_Garden; p. 93 (2) : ˝ Simona pavan; p. 94 (3) : ˝ Bildagentur Zoonar GmbH; p. 94 (4) : gNesher; p. 95 (1) : ˝ Geoff Kidd / SPL - Science Photo Library; p. 95 (6) : ˝ Michael Warren / Photoshot; p. 96 (7) : ˝ InfoFlowersPlants; p. 96 (8) : ˝ Agatchen; p. 97 (9) : ˝ Sergey Rogalsky; p. 97 (10) : ˝ ESB Basic; p. 79 (1) : ˝ Cynoclub; p. 97 (6) : ˝ Andrew Lawson / Flora Press; p. 97 (7) : ˝ Nova Photo Graphik / Flora Press; p. 98 (8) : ˝ Friedrich Strauss; p. 98 (9) : ˝ Frédéric Didillon; p. 99 (2) : ˝ Jenny Rainbow; p. 99 (11) : ˝ Jean- Yves Grospas; p. 79 (3) : ˝ Guentermanaus; p. 100 (4) : ˝ B_K_ Design; p. 100 (5) : ˝ Jose Ramiro Laguna; p. 101 (6) : ˝ Mariusz S. Jurgielewicz; p. 101 (7) : ˝ Moisieiev Igor; p. 102 (8) : ˝ Manfred Ruckszio; p. 102 (9) : ˝ Bogachyova Arina; p. 103 (10) : ˝ Kathryn Roach; p. 103 (11) : ˝ Israel Hervas Bengochea; p. 104 (12) : ˝ Analia Valeria Urani; p. 104 (13) : ˝ David OBrien; p. 109 (10) : ˝ Konrad Weiss; p. 110 (1) : ˝ Marina Lohrbach; p. 112 (2) : ˝ Yykkaa; p. 112 (3) : ˝ DSGNSR1; p. 113 (1) : ˝ JurateBuiviene; p. 113 (2) : ˝ Raffaella Galvani; p. 113 (3) : ˝ BeppeNob; p. 114 (4) : ˝ NouN; p. 114 (6) : ˝ Srekap; p. 115 (7) : ˝ Stevenson; p. 115 (8) : ˝ Ernie Janes; p. 115 (9) : ˝ Jean-Yves Grospas; p. 116 (10) : ˝ Peter Turner Photography; p. 116 (11) : ˝ JurateBuiviene; p. 116 (12) : ˝ M.Khebra; p. 117 (13) : ˝ Gilles Le Scanff & Jo.lle-Caroline Mayer; p. 117 (14) : ˝ Centi-folia / Flora Press; p. 118 (16) : ˝ Centi-folia / Flora Press p. 119 : ˝ Vwita; p. 120 (1) : ˝ Manfred Ruckszio; p. 122 (3) : ˝ Sundry Photography; p. 122 (4) : ˝ Bildagentur Zoonar GmbH; p. 123 (5) : ˝ V J Matthew; p. 123 (6) : ˝ ShooterAlex; p. 123 (7) : ˝ Artefficient; p. 124 (1) : ˝ Nick Pecker; p. 124 (2) : ˝ Del Boy; p. 125 (4) : ˝ Ole Schoener; p. 126 (1) : ˝ Nataliia Liubinetska; p. 126 (2) : ˝ Andrejs Marcenko; p. 127 (3) : ˝ F_studio; p. 127 (4) : ˝ Vera Kalyuzhnaya.

Wikimedia commons :
P. 70 (5) : ˝ Rob Routledge, Sault College; p. 72 (9) : ˝ Timo Muller; p. 95 (5) : ˝ Ghislain118 (AD); p. 114 (5) : ˝ GFDL by Kurt Stueber; p. 125 (3) : ˝ Scott Zona from Miami, Florida, USA; p. 121 (2) : ˝ Stan Shebs;

Autres :
P. 71 (7) : ˝ DR; p. 118 (15) : ˝ CD94-Caroline Potez- Delpuech (Roseraie du Val-de-Marne).

Direction d'édition :
Thierry Lamarre
Textes : Noémie Vialard (p. 4 à 27), Olivier de Vleeschouwer (p. 30 à 127)
Correction-révision :
Isabelle Misery
Conception graphique et mise en pages : Either studio, Nord Compo
Couverture : Either studio, Nord Compo

Éditions Marie Claire
Publiées par Société d'Information et de Créations - SIC
Une société de Marie Claire Album
10 bd des Frères Voisin -
92792 Issy-Les-Moulineaux
CEDEX 9 - France
Tél. 01 41 46 88 88
RCS Nanterre 302 114 509
SARL au capital de 822.000 euros

ISBN : 978-2-7072-1229-0
N° Éditeur : 38369
Imprimé par Elcograf S.p.A., Vérone, Italie
Dépôt légal : février 2021.

www.sotrendoo.com